GEISSLER   HAJAK   MAY (HRSG.)

KÖNNTE ES NICHT
AUCH ANDERS SEIN?

Könnte es nicht auch anders sein?

Die Erfindung des Selbstverständlichen

Herausgegeben von

Karlheinz A. Geissler
Stefanie Hajak
Susanne May

 S. Hirzel Verlag Stuttgart · Leipzig 2003

Bibliografische Information Der Deutschen Bibliothek
Die Deutsche Bibliothek verzeichnet diese Publikation in der Deutschen Nationalbibliografie; detaillierte bibliografische Daten sind im Internet über http://dnb.ddb.de abrufbar.
  ISBN 3-7776-1224-3

© 2003 S. Hirzel Verlag
Birkenwaldstraße 44, 70191 Stuttgart
Printed in Germany
Einbandgestaltung: deblik, Berlin
Druck und Bindung: Kösel, Kempten

Inhalt

Selbstverständlichkeiten verbinden sich üblicherweise mit dem Merkmal der Normalität.

Wann wurde eigentlich das Geld erfunden? „Ja, irgendwann halt", ist die erwartbare Antwort. Ein Dialog von solcher Anspruchslosigkeit signalisiert, dass es sich beim Geld um einen Teil jener Normalität handelt, die wir für zeitlos, d.h. für selbstverständlich halten. Fragen an solche Alltagsgewissheiten irritieren und verunsichern. Sie sind für jene, an die sie gestellt werden, lästig. Die Normalität zu befragen, das ist nicht normal, da ja jene, die fragen, das, was sie befragen, nicht als fraglos normal anerkennen. Nicht selten werden Menschen, die das Normale problematisieren, von ihrem Gesprächspartner für nicht ganz normal gehalten. Dieses Risiko müssen auch diejenigen eingehen, die mit einer Veranstaltungsreihe zum Thema „Die Erfindung des Selbstverständlichen" auf öffentliche Resonanz treffen wollen. Nun, das ist heutzutage, wo das Abweichende, das Besondere, das Überraschende soziale Distinktionsgewinne verspricht, kein allzu riskantes Vorhaben. In der Tat, die sonntägliche Vortragsreihe – eine Erfindung der Offenen Akademie der Münchner Volkshochschule – wurde zwei Semester lang zum Teil der Bildungsnormalität.

Wer die Texte liest wird erkennen, dass bei allen hier analysierten Selbstverständlichkeiten die Einsicht von Francis Bacon bestätigt wird: „Der menschliche Verstand ist von Natur aus geneigt, mehr Ordnung und Regelmäßigkeit in der Welt zu wähnen, als er tatsächlich vorfindet." Die Welt ist unordentlicher als sie sich gibt, ihre Normalität ist nicht sehr normal und ihre Selbstverständlichkeiten nicht allzu selbstverständlich. Für die einen mag das bedrohlich sein, da ihnen die Stabilität des Selbstverständlichen abhanden zu kommen droht. Für die anderen mag es erfreulich und hoffnungsfroh sein, dass man der Normalität nicht schicksalhaft ausgeliefert ist, dass das, was vermeintlich schon immer existierte, eben doch nicht zeitlos ist. Ein erster Schritt besteht darin, das Selbstverständliche, das vermeintlich Zeitlose, zu befragen und dessen Normalität – zumindest auf Zeit – außer Kraft zu setzen. Insofern löst das, was normal ist, entgegen den Erwartungen doch auch Handlungsbedarf aus. Dies war die Absicht derer, die die Referenten zu den hier dokumentierten Vorträgen eingeladen hatten. Ihre ausschließlich positive Reaktion auf diese Einladung gehörte zu den nicht erwartbaren, erfreulichen Selbstverständlichkeiten.

Karlheinz A. Geißler, Stefanie Hajak, Susanne May

DIE EROTIK DES GELDES

JOCHEN HÖRISCH

> *Griechen verlieh die Muse Genie, geschliffene Rede;*
> *Griechen kennen, außer der Ruhmsucht, keinerlei Ehrgeiz.*
> *Römische Knaben dagegen lernen, durch längeres Rechnen*
> *Asse in hundert Teile zu teilen. „Sag mir ganz schnell jetzt,*
> *Sohn des Albinus: nimmst von fünf Zwölften du eine Unze,*
> *Wieviel bleibt übrig?" – „Ein Drittel As doch!" – „Bravo, so hältst du*
> *Künftig das deine zusammen. – Eine Unze dazu noch?"*
> *„Macht grad ein halbes As." – Wenn diese Jagd nach dem Gelde*
> *Erst mal die Sinne erfaßt hat – kann da noch ein Dichtwerk entstehen,*
> *Das man mit Zedernöl schützt und bewahrt im Zypressenholzkästchen?*[1]

Um das Selbstverständliche ist es selbstverständlich und ganz offenbar so be-
stellt wie um das Offenbare. So offenbar, so selbstverständlich sind nämlich
weder das Selbstverständliche noch das Offenbare. Sie verstehen sich selbstverständlich nicht von selbst. Ganz offenbar sind sie nicht offenbar. Das weiß
schon die alte Anekdote vom Mathematikerkongress, die selbstverständlich
einen authentischen Kern hat. Ein renommierter Mathematiker hält einen Vortrag, der den seit langem ausstehenden Beweis für eine alte Vermutung bringt,
schreibt Formeln an die Tafel und schließt die Beweiskette mit einem letzten
Glied und dem dazugehörigen kürzestmöglichen Kommentar: „That's evident."
Die Aussprache wird eröffnet, und die erste Frage lautet: „Is it really evident?"
Der Befragte bittet sich Bedenkzeit aus, denkt coram publico 10, 20, 30 Minuten nach und spricht dann die goldenen Worte: „Yes, it's evident."

Nicht einmal die Antwort auf die Frage, ob die Worte „evident" und
„offenbar" dieselbe Intension und Extension haben, ist evident bzw. offenbar.

Man muss nicht einmal 30 Minuten lang nachdenken, um deshalb auf einen nahe liegenden Vermittlungsvorschlag bei Debatten um das Selbstverständliche, Offenbare und also Zustimmungspflichtige zu kommen: selbstverständlich ist, dass das Selbstverständliche bestenfalls nur selbstverständlich zu sein scheint, nicht aber ist. Und offenbar ist, dass das Offenbare nicht offenbar ist. Letzteres lässt sich am Beispiel der so genannten Offenbarungsreligionen besonders gut illustrieren. Gerade ein Gott, von dem konkurrierende Offenbarungsreligionen behaupten, er sei offenbar, kann nicht offenbar sein – sonst gäbe es keine konkurrierenden Offenbarungsreligionen. Schon kürzeste Crash-Kurse in Dialektik verweisen auf gute Gründe für den eigentümlichen Umstand, dass das Selbstverständliche, dass also das, was Kulturen, Gesellschaften und mentale Großlagen fraglos als selbstverständlich akzeptieren, also unbefragt voraussetzen und beglaubigen, mit zum Fragwürdigsten zählen muss.

Geld ist nicht eines, sondern das nach Funktion, Dauerpräsenz und Gewichtigkeit erstrangige unter diesen fragwürdigen offenbaren Selbstverständlichkeiten. Es begleitet uns alltäglich. Wir können es schlechthin nicht vermeiden. Auch in Zeiten und Kulturen, die sich aus gutem Grund als liberale begreifen, auch in Zeiten also, in denen Lebensformen, Stile, Überzeugungen, Meinungen und Einstellungen weitgehend freigegeben sind, gibt es strikte Verbindlichkeiten, die so selbstverständlich geworden sind, dass ihr hochgradiges Zwangsmoment gar nicht mehr zur Kenntnis genommen wird. Geld macht seinem Begriff alle Ehre: Es ist das, was schlechthin intersubjektive Geltung hat. Damit es diese Geltung hat, darf Geld nicht allzu sehr befragt werden. Wenn allzu viele danach fragen, ob es wirklich selbstverständlich ist, an die transsubstantiative Kraft eines Blattes Papier zu glauben, dass man hingibt und für das man dann etwas wirklich Wertvolles erhält (z. B. Essen oder Kleidung), könnte die Geltung des Geldes erodieren. Der alte Satz „Vom Geld spricht man nicht, man hat es" ist deshalb funktional. Zugleich aber ist er ein problematischer Satz. Denn über Geld wird stets gesprochen – von denen, die es haben, wie von denen, die es nicht im gewünschten Umfang haben: also von allen. Auch Dichter haben vom Geld fast so häufig berichtet wie von der Liebe. Und man muss ja wohl auch die Umkehr des geflügelten Wortes zulassen: Wenn man (wie bei Dichtern häufig der Fall) kein Geld hat, darf man darüber sprechen.

Von dieser Lizenz haben Dichter, seitdem es Geld gibt, ausgiebig Gebrauch gemacht. Poeten und Schriftsteller gehören bekanntlich zu der entsetzlichen Spezies von Menschen, die von nichts eine rechte Ahnung haben und dennoch, ja gerade deshalb überall enthemmt mitreden.[2] Um beim Geld zu bleiben: was „terms of trade" oder die „Geldmengen M 1, 2 und 3" sind – davon haben Dichter in der Regel keine Ehrfurcht heischende Kenntnis. Und dennoch bilden sie sich ein, besser als Fachleute zu wissen, was Geld ist und wie es funktioniert.

Das ist umso bemerkenswerter, als ja auch die Fachleute nicht so recht wissen, was Geld eigentlich ist. In den Handbüchern und Lexika steht geradezu abenteuerlich Unterschiedliches zu lesen – es gibt ganz offenbar noch nicht einmal eine verbindliche Definition des Geldes. In einem aber herrscht denn doch Einigkeit: Geld, genauer Münzgeld, wurde etwa um 650 v. Chr. in Kleinasien „erfunden".

In den vor dieser konsequenzreichen Erfindung entstandenen homerischen Epen kann Geld also nicht vorkommen. Aber es harrt gleichsam darauf, erfunden zu werden. Denn die Weisen des Güterwechsels, die Homer kennt, sind nicht eben überzeugend und gewinnend: Betrug, Diebstahl und Raub kommen in diesen poetischen Urkunden bekanntermaßen ungleich häufiger vor als ein kultivierter Naturalientausch.

Deshalb muss es auch erstaunen, dass die ersten dichterischen Geld-Erwähnungen die Erfindung des Münzgeldes nicht etwa feiern, sondern entschieden verwerfen. Das prominenteste Beispiel dafür ist das *Antigone*-Drama. Für seinen Autor Sophokles (496–406 v. Chr.) ist Geld noch eine vergleichsweise junge Innovation; eine Erfindung allerdings, die er sogleich verfluchen lässt – ein locus classicus jeder Motivgeschichte des Geldes, den der gebildete Marx gleich am Beginn seines Hauptwerkes zu zitieren nicht versäumt.

> *Denn kein so schmächlich Übel, wie des Geldes Wert,*
> *Erwuchert den Menschen: dies vermag die Städte selbst*
> *Zu brechen, dies treibt Männer aus von Hof und Herd;*
> *Dies unterweiset und verkehrt den edlen Sinn*
> *Rechtschaff'ner Männer, nachzugeh'n ruchloser Tat,*
> *Zeigt an die Wege böser List den Sterblichen,*
> *Und bildet sie zu jedem gottverhassten Werk.*[3]

Die drei häufigsten und hartnäckigsten Topoi poetischer Geldkritik sind in diesem kurzen Passus zusammengestellt. Sophokles nämlich verwirft das Geld, weil es

1. ein nicht nur in sozialer Hinsicht zerstörerisches Triebpotential entbindet; weil es
2. den „Sinn" so unterweist, dass er verkehrten Kategorien und Vorstellungen verpflichtet wird; und weil Geld, die Sinnkategorien handelnder Menschen formend,
3. sich so verselbstständigt, sich so verabsolutiert, dass es quasi göttliche Macht einnimmt und so also zum gegengöttlichen Medium wird.

Mit geradezu irritierender Regelmäßigkeit kehren genau diese drei Kritikpunkte in zahlreichen poetischen Werken wieder. Bemerkenswert ist bei so hartnäckiger Kritik aber immerhin, dass die funktionalen Leistungen des Mediums Geld für das System Wirtschaft kaum je einmal zur poetischen Diskussion anstehen. Entschiedene Kritik erfährt vielmehr die funktionale Überwertigkeit des Geldes. Geld mag (und kann!) sich demnach nicht darauf beschränken, nur der Code zu sein, über den sich das System Wirtschaft hocheffektiv ausdifferenziert. Es greift vielmehr in unabsehbarer und kaum kontrollierbarer Weise auf andere Systeme (etwa auf das Bewusstsein, Religion und Liebe) über und also auch massiv in lebensweltliche Kontexte ein. Das Medium Dichtung, das für alles zuständig sein will, kritisiert Geld, das doch „nur" ein Spezialcode für das Wirtschaftssystem zu sein vorgibt, tatsächlich aber für (fast) alles zuständig ist.

DIE TRIEBSTRUKTUR DES GELDES

Von der Triebstruktur des Geldes berichtet gleich die älteste Goldmythe: die von König Midas. Schon Herodot kennt sie; Ovid hat sie zum klassischen Inventar erhoben und drastisch herausgestellt, welche Konsequenzen die Tendenz des Geldes haben kann, sich über seine mediale Funktion hinaus zu universalisieren bzw. – mit Hegel zu sprechen – auf sein anderes, auf das andere seiner selbst überzugreifen.

König Midas hat sich Bacchus durch Verdienste verpflichtet, und deshalb darf er sich „frei ein Geschenk wählen". Midas aber erbittet ausgerechnet von diesem Gott der rauschhaften Lust an der Nichtidentität ein reines Metageschenk:

Schlecht es zu nutzten gewillt, spricht Midas:
„Mache, dass alles, was mit dem Leib ich berührt,
in rotes Gold sich verwandelt."
Bacchus nickte Gewährung,
verlieh die schädliche Gabe
und bedauerte nur,
dass er nicht etwas Bessres erbeten.

Glücklich geht, seines Übels froh,
der phrygische König;
dies berührend und das erprobt er
die Wirkung der Gabe.
Kaum noch traut er sich selbst;
er bricht von der niedrigen Eiche
hier einen grünenden Zweig:
der Zweig ward golden, er hebt vom
Boden auf einen Stein:
der Stein auch glänzte von Gold.
(…)
Da setzten die Diener dem Frohen
den Tisch vor,
hoch mit Speisen gehäuft,
nicht arm an gerösteten Broten.
Da nun: sei es, er hatte berührt
mit der Rechten der Ceres
Gaben, – siehe! die Gaben
der Ceres verhärteten, oder
wollte mit gierigem Zahn er die
Speisen zerkleinern, – es schloss sich
rötliches Erz um die Speisen,
sobald sein Zahn sie berührte;
(…) Da erkennt er bestürzt das Unheil;
reich und elend
möcht er die Schätze nun fliehn und hasst,
was er eben gewünscht hat:
(…) das Gold, das er begehrte.[4]

Die Psychoanalyse Freuds kennt die Figur derer, die am Erfolg scheitern. Vieles spricht dafür, dass auch Geld an seinem universalen Erfolg scheitern kann. Wer schlechthin alles zu Gold und Geld macht, ist arm dran. Und wer im Glanz des Goldes rein erstrahlt, kann wie König Midas Grund haben, sich von dieser Reinheit rituell zu reinigen. Der großzügige Gott beschenkt Midas ein zweites Mal, indem er ihm „das Geschenk, das er treu seinem Worte gegeben", wieder zurücknimmt.

> *Tauche dort in den schäumenden Quell,*
> *wo am stärksten er austritt,*
> *Haupt zugleich und Leib*
> *und spüle zugleich den Fehl ab.*

Ovids Text hat ein auffallendes Interesse an Paradoxien dieser Art, denen er auch rhetorisch zum pointierten Ausdruck verhilft. Midas ist „seines Übels froh"; vom Glanz des Goldes verblendet, ist er zugleich „reich und elend", sodass er schließlich „hasst, was er eben erwünscht hat" und sich von seiner strahlenden Reinheit reinigt.

Am Midas-Komplex aber können nicht nur Individuen leiden und scheitern, sondern auch gesellschaftliche Systeme überhaupt. Geld nämlich ist funktional darauf angewiesen, das andere seiner selbst in jedem Wortsinn gewähren zu lassen und nicht irreversibel zu überformen. Es verweist nicht nur auf Differenzen, sondern stellt diese Differenzen (wie die von arm und reich, liquide und nicht-liquide, Gebrauchs- und Tauschwert, Knappheit und Überfluss etc.) ja auch selbst unablässig her. Mit hoher Plausibilität ist deshalb immer wieder (und zuletzt von Niklas Luhmann) vermutet worden, dass Volkswirtschaften (wie zur Zeit etwa in den USA) dann in eine Krise geraten, wenn reine Finanztransaktionsgeschäfte für längere Zeit deutlich höhere Renditemöglichkeiten verheißen als innovatorische und produktive Aktivitäten. Um von ökologischen Krisen zu schweigen, die durch den Midas-Komplex, alles zu Gold/Geld zu machen, ausgelöst werden können. „Erst wenn die Weißen den letzten Baum gefällt haben werden", so lautet ein Spruch der Amazonas-Indianer, „werden sie merken, dass man Geld nicht essen kann." Die ökologische Unsensibilität des Geldes aber dürfte in einer Geldwirtschaft nur durch eine strikte Monetarisierung der knappen Ressource Umwelt zu konterkarieren sein: Luft-, Wasser- und Naturverbrauch müssen (gemessen an ihren heutigen Dumpingpreisen) extrem verteuert werden.

König Midas war, auch bevor ein Gott seinen destruktiven Wunsch erfüllte, kein armer Mann. Was Geld und Gold eigentlich so begehrenswert macht, dass man es auch dann noch begehrt, wenn selbst exquisite Bedürfnisse gestillt sind, ist immer wieder gefragt worden. Eine der originellsten Antworten auf diese Rätselfrage nach den Gründen für den intimen Zusammenhang von Trieb und Geld hat kein Geringerer als Goethe in seinem prominentesten Werk, im *Faust*, versucht. An die Paradoxien der Midas-Mythe erinnern schon die viel zitierten Worte, die Gretchen spricht, nachdem sie das Schatzkästchen in ihrer Kammer entdeckt hat:

> *Nach Golde drängt,*
> *Am Golde hängt*
> *Doch alles. Ach wir Armen!*
> *(Faust I, Verse 2802 ff.)*

Der hier exponierte Zusammenhang von Geld und Gier durchzieht das Faust-Drama wie ein roter Faden. Zum Knoten geschnürt wird dieser rote Faden in der Walpurgisnachtszene. Sie steht schon bei ihrer Ankündigung durch Mephisto ganz im Zeichen des „Doppelthemas (...) von Gold und Geschlechtlichkeit".[5]

> *Ein bisschen Diebesgelüst, ein bisschen Rammelei.*
> *So spukt mir schon durch alle Glieder*
> *Die herrliche Walpurgisnacht.*
> *Die kommt uns übermorgen wieder.*
> *(V. 3659 ff.)*

Mephistos Vorfreude ist wohl begründet. Denn die Walpurgisnacht bringt tatsächlich beide – die sexuelle und die monetäre Begierde – zur engsten Deckung. Goethe hat diese Szene ursprünglich in einer Drastik ausgestaltet, die er selbst angesichts der Verfassung seines Publikums als nicht veröffentlichungsfähig ansah. „Die Deutschen", so hat er Johannes Falk anvertraut, „mögen mich nicht! Das matte Wort! Ich mag sie auch nicht! Ich habe es ihnen nie recht zu Danke gemacht! Vollends, wenn mein Walpurgisnachtsack nach meinem Tode sich einmal eröffnen und alle bis dahin verschlossenen, stygischen Plagegeister, wie sie mich plagt, so auch zur Plage für andere wieder loslassen sollte; (...) das, denke ich doch, vergeben sie mir sobald nicht!"[6]

Der *Walpurgisnachtsack* mit den 1808 nicht veröffentlichten Szenen enthält in der Tat Zumutungen, die über publizierte Verse wie die aus dem Gespräch zwischen Mephisto und der alten Hexe über den „rechten Pfropf" für das „große Loch" weit hinausgehen. Bemerkenswert an den verheimlichten Szenen aber ist weniger die Lust an Obszönitäten als vielmehr die strikte Parallelführung von sexuellen und monetären Motiven. Den Höhepunkt der satanischen Zeremonien auf dem Blocksberg bildet nämlich eine veritable Seligpreisung, die Satan zuerst an die „Böcke zur Rechten" richtet:

> *Euch giebt es zwey Dinge*
> *So herrlich und groß*
> *Das glänzende Gold*
> *Und der weibliche Schoos.*
> *Das eine verschaffet*
> *Das andere verschlingt*
> *Drum glücklich wer beyde*
> *Zusammen erringt.*

Und komplementär dazu erfolgt die Seligpreisung für die „Ziegen der Linken":

> *Für euch sind zwey Ding*
> *Von köstlichem Glanz*
> *Das leuchtende Gold*
> *Und ein glänzender Schwanz*
> *Drum wisst euch ihr Weiber*
> *Am Gold zu ergötzen*
> *Und mehr als das Gold*
> *Noch die Schwänze zu schätzen.*[7]

Goethe hat mit diesen drastischen Szenen einen Motivzusammenhang angelegt, der erst im zweiten Teil des Dramas vollständig entfaltet wird. Als tertium comparationis von Geld- und Geschlechtsgier deutet er aber bereits im ersten Teil des Faust-Dramas die kreatürliche Kraft der Sexualität und – eben des Geldes an. Schaffen und anschaffen, zeugen und erzeugen gehören demnach einer Formation des Begehrens an:

Es ist doch lange hergebracht,
Dass in der großen Welt
Man kleine Welten macht.
(V. 4044 f.)

In der großen Welt der göttlichen Schöpfung machen Menschen kraft ihrer Fortpflanzungsfähigkeit eine kleine Welt, und innerhalb dieser kleinen Welt imitiert sich vermehrendes Geld diese Kraft der Prokreation. Goethe macht die Geburt der Geldgier aus dem Geist des Gebärneides verständlich – nämlich als männliches Weiblichkeitssupplement.

Von geradezu matriarchalisch dimensioniertem Produktionsstolz sind auch die Figuren am kaiserlichen Hof zu Beginn des dritten Dramenteils geblendet. Nicht ohne Hintersinn findet die berühmte Assignatenszene in einem „Lustgarten" statt. An die phallisch-monetären Motive des ersten Teils knüpft schon die Bemerkung des Geizes in der vorangehenden Mummenschanz-Szene an:

Wie feuchten Ton
Will ich das Gold behandeln,
Denn dies Metall lässt sich in alles wandeln.

Worauf der Herold antwortet:

Er knetet alles Gold zu Teig,
Ihm wird es untern Händen weich;
Wie er es drückt und wie es ballt,
Bleibt's immer doch nur ungestalt.
Er wendet sich zu den Weibern dort,
Sie schreien alle, möchten fort,
Gebärden sich gar widerwärtig;
Der Schalk erweist sich übelfertig.
Ich fürchte, dass er sich ergetzt,
Wenn er die Sittlichkeit verletzt.
(V. 5781 ff.)

Die Sittlichkeit verletzt jedoch nicht so sehr diese systematisch doppeldeutige Passage, sondern vielmehr das zentrale Motiv, danach geldfixierte Männer die prokreative Kraft der Frauen imitieren. Genau diesem Motivschema folgt auch die Assignatenszene. Nachdem sie mit dem Scheingeld gleichermaßen den triumphierenden Schein universaler Produktivität vorgeführt hat, begehrt Faust das Unmögliche: nämlich das seiende Vorbild dieser bloß imaginären Produktivität herbeizuzaubern. Folgt doch unmittelbar auf die Scheingeld-Szene im „Lustgarten" die Helena- und die Mütter-Beschwörung in der „finsteren Galerie", die selbst Mephisto vor kaum lösbare Aufgaben stellt:

> *Du wähnst, es füge sich sogleich;*
> *Hier stehen wir vor steilern Stufen,*
> *Greifst in ein fremdestes Bereich,*
> *Machst frevelhaft am Ende neue Schulden,*
> *Denkst Helenen so leicht hervorzurufen*
> *Wie das Papiergespenst der Gulden.*

Beschwören lässt sich Helena eben nicht durch die so produktiv wie scheinhafte Kraft des Geldes, sondern einzig durch den vorherigen Gang in das Reich der Mütter:

> *Mütter!*
> *Schaudert's dich?*
> *Die Mütter! Mütter!*
> *'s klingt so wunderlich!*

Wunderlich klingt das Wort „Mütter" und schaudern macht es, weil es genau jene Sphäre der (Er-)Zeugung kennzeichnet, die die Produktivität des Geldes scheinbar so erfolgreich nachstellt. Begehrenswert ist Geld, weil es den Schein ermöglicht, das Unmögliche erfolgreich zu begehren: göttliche Schöpfungs- und weibliche Produktionskraft.

Geld und geltende Sätze

Die Triebstruktur des Geldes (nicht aber ihr Grund) ist ein so offensichtliches Datum, dass sie als solche nicht zur Diskussion steht. Anders verhält es sich mit dem zweiten Aspekt poetischer Geld-Kritik, den schon Sophokles erwähnt: mit dem rätselhaften Vorwurf, Geld „unterweise und verkehre den Sinn". Ein Vorwurf, den Marx gleich zu Beginn des *Kapitals* im berühmten Kapitel über den Warenfetischismus entfaltet. Danach ist das Reich der Waren und des Geldes – ganz entgegen der späteren These Max Webers von der entzauberten Welt der Moderne – eine vollkommen verhexte und verzauberte Welt: „voll metaphysischer Spitzfindigkeiten und theologischer Mucken", weil die Ware „ein sinnlich übersinnliches Ding" von „mystischem Charakter" ist, dem es „nicht auf der Stirn geschrieben steht", welchen Wert es hat. „Rätselhaft und geheimnisvoll" aber ist die Welt der Waren und des Geldes, weil in ihr „das bestimmte gesellschaftliche Verhältnis der Menschen selbst (...) die phantasmagorische Form eines Verhältnisses von Dingen annimmt", weil also Intersubjektivitätsbeziehungen dann wie Subjekt-Objekt- oder wie Objekt-Objekt-Relationen organisiert und erfahren werden, wenn sie im Zeichen der Warenform stehen.

Diese Diagnose ist immer wieder auf die Begriffe Entfremdung und Verdinglichung bezogen worden. Das ist gewiss nicht unzutreffend, macht aber die eigentliche Pointe vergessen. Sie hat eine überraschende poetische Vorgeschichte. Denn schon Dichter wie Novalis und Gottfried Keller haben (und zwar noch entschiedener als Marx) vermutet, dass Geld in einem sehr starken und spezifischen Sinn „den Sinn unterweiset und verkehrt". So behauptet Novalis, der ja nicht nur ein von der blauen Blume träumender Poet, sondern auch ein mit ökonomischer Theoriebildung bemerkenswert gut vertrauter Nachwuchsmanager in der Salinebranche war, in einem frappierenden Fragment nichts Geringeres als einen ursächlichen Zusammenhang zwischen „Geld und geltenden Sätzen":

Die Wissenschaftslehre oder die reine Philosophie ist das Relationsschema der Wissenschaften überhaupt. Sie entsteht aus dem Einfall statt würcklicher namhafter, individueller Dinge – allgemeiner Dinge, denen jedes Ding substituiert werden kann (vid. Begriff von Geld). (...) Constructions- und Verhältnisformeln wurden – allgemein Geltende Sätze. (...) Diese Erscheinung entsteht aus der Behandlung dieser Gegenstände, als Waaren.[8]

Damit behauptet Novalis nichts anderes als die Geburt des abstrakten Verstandes und seiner Kategorien aus dem Geist des Waren- und des Geldverkehrs. Warenform und (abstraktionsfähige) Denkformen sind demnach uno actu entstanden. Ähnlich weitgehende Thesen finden sich zum Beispiel auch bei Johann Georg Hamann, Adam Müller oder in Gottfried Kellers Roman *Der grüne Heinrich*, der diese Vermutung gar zur griffigen These verdichtet:

Das also ist die Lösung und das Geheimnis der ganzen Identitätsfrage,
das gemünzte Gold?[9]

Solche divinatorischen poetischen Wendungen lassen sich, wie Alfred Sohn-Rethel wohl am gründlichsten gezeigt hat, auch argumentativ rekonstruieren und halten. Danach ist es mehr als eine bloße akausale Synchronie, wenn die Einführung des Münzgeldes und die Ausbildung logischer Denkstrukturen am selben Ort und zur selben Zeit statthaben: Denn Geld synthetisiert tatsächlich Sein und Bewusstsein zu einer differenten Einheit.

Geld ist demnach eben deshalb ein so bemerkenswertes Medium, weil es in seiner ganzen Muckenhaftigkeit und Spitzfindigkeit die Grundfiguren der Rationalität setzt. Geld bedingt geltende Sätze; Geld setzt die Grundfiguren intersubjektiv verbindlicher Rationalität. Denn der geldvermittelte Tausch verantwortet Synthesis (bzw. – um mit Keller zu sprechen – Identität) im weitesten Sinne. Er synthetisiert

1. die, die Gesellschaft bilden, zu einer verbindlichen (und gewaltlosen) Form der Intersubjektivität. Er aggregiert
2. die differenten Objekte zu einer – um mit Kant zu sprechen – „Affinität des Mannigfaltigen". Und der geldvermittelte Tausch synthetisiert
3. die Zeitdimensionen. Geld ist nicht zuletzt deshalb so faszinierend, weil es im Zahlungsvorgang selbst Zeit virtuell ausschaltet und doch auch Vergangenheit wie Zukunft durch Kredit und Sparen verfügbar macht. Geld synthetisiert darüber hinaus grundsätzlich
4. Sein und Sinn, ist der Tausch doch sowohl eine Denk- als auch eine Realabstraktion. Wer gänzlich Unterschiedliches über das Medium Geld tauscht, setzt äquivalent, was nicht gleich ist, und abstrahiert so in elementarer Weise. Und er schließt in und mit dieser Abstraktion ohne jeden parmenideischen Tiefsinn Denken und Sein funktional kurz.

Das heißt aber nichts anderes als: Geld nimmt funktional (wenn man denn so will: untergründig und ohne diesen Anspruch ausdrücklich zu stellen) genau die Aufgabe wahr, die auch das System Religion für sich beansprucht: nämlich Sein und Sinn zu korrelieren. In seinem Drama *Jedermann* hat Hugo von Hofmannsthal diesen Vergleichspunkt plastisch herausgestellt: „du gibst dem Mammonbeutel Ehr / als obs das Tabernakel wär", heißt es da. Es bedurfte ja auch einigen Aufwandes, um die Systeme Religion und Geldwirtschaft miteinander kompatibel zu machen – etwa durch Monetarisierung der Heilserwartung sowie durch die Erfindung des Fegefeuers und des Ablasses oder (so die protestantische Alternative) durch radikale Ausdifferenzierung zweier Welten (der des unberechenbaren Gnadenheils und der des berechenbaren Geldes) gegeneinander. „Bei genauerem Zusehen", so formuliert Luhmann in *Die Wirtschaft der Gesellschaft*, „liegt die Diabolik (im doppelten Sinn von „teuflisch" und von Symbolik, die Differentes transportiert, J. H.) (...) darin, dass Geld andere Symbole, etwa die der (...) heilsdienlichen Frömmigkeit, ersetzt und eintrocknen lässt. Sie liegt also in der für Universalisierung notwendigen Spezifikation."[10] Dass Geld sich über seine spezifische Funktion hinaus universalisiert, lässt das Medium Dichtung, das doch selbst gerne Universalitätsansprüche stellt, so gereizt auf das ungleich bescheidenere und wohl auch deshalb so erfolgreichere Medium Geld blicken. Geld und Poesie sind feindliche Brüder.

IN GOD WE TRUST

Geld ist – so die fast einheitliche Poeten-Meinung von Sophokles bis Hofmannsthal, um von dezidiert revolutionären Schriftstellern zu schweigen – diabolischen, ja satanischen Ursprungs. Die nachchristlichen Dichter können sich in dieser Einschätzung problemlos auf Herrenworte berufen, die ja mit bemerkenswerter Entschlossenheit durchweg das Geld verwerfen (u.a. Matth. 19, 23/Mark. 10, 25/Luk. 18, 25; 16, 13). Es ist schon eine abgründige Paradoxie, dass ausgerechnet die christliche Tradition und Kultur, deren Gründungsfigur das Geld so scharf zurückweist, Geld zum zentralen, ja geradezu zum sakralen Medium gemacht hat. Dagegen ereifern sich, um nur zwei Beispiele zu nennen, Gotthelfs Pfarrer im 1844 erschienenen Roman *Geld und Geist* und noch

Naphta im *Zauberberg*: „Sie stellen fest", so wendet sich der Jesuit an Settembrini, der auch in ökonomischer Hinsicht ein entschiedener Liberaler ist, „dass die christliche Wirtschaftsmoral in ihrer Schönheit und Menschlichkeit Unfreie schafft. Ich stelle dagegen, dass die Sache der Freiheit, die Sache der Städte, wie man konkreter sagen darf – dass diese Sache, höchst sittlich, wie sie immer sei, historisch verbunden ist mit der unmenschlichen Entartung der Wirtschaftsmoral, mit allen Gräueln des modernen Händler- und Spekulantentums, mit der Satansherrschaft des Geldes."[11]

Dabei hätte es der Theologe und Historiker Naphta besser wissen sollen. Historisch unbestreitbar ist nämlich, dass die Entstehung des Geldes eng an Tempelbezirke und Opferkulte gebunden ist. Dass Christus die Händler aus dem Jerusalemer Tempel vertreibt (Matth. 21/Mark. 11/Luk. 19), ist kein Kampf gegen späte Dekadenz, sondern gegen früheste Überformungen religiöser Kulte. Das machen schon begriffsgeschichtliche Befunde deutlich. So leitet sich bekanntlich das Wort *pecunia* von *pecus* (Vieh) her – von dem Vieh, das als Opfer den Göttern dargebracht wurde und dessen Bild sich auf den frühen Münzen so häufig findet. Und *obolos* meint ursprünglich nichts anderes als die Stange, auf die das Opfervieh gespießt wurde. Der Beiname der römischen Göttin Juno, der auch solche Opfergaben gewidmet waren, lautet *Moneta*. In ihrem Tempel wurden Münzen geprägt. Als Juno Lucina ist sie übrigens auch die Göttin der Geburt. Dieser enge Zusammenhang zwischen Theologie und Ökonomie hat viele Dichter (etwa Goethe, Keller und Thomas Mann, aber auch Rilke, Trakl und Celan) immer wieder zu dem Motiv angeregt, dass Schuld früher ist als Geld. Mit Opfern an den Gott oder die Götter tragen die Sterblichen die Schuld ab, überhaupt zu sein und durch ihr Sein die Reinheit des Nichtseins zu stören.

Am Anfang war die Schuld. Und am Anfang der Geldwirtschaft waren die Schulden. Schuld ist also nicht umsonst zugleich ein theologisch-moralischer und ein ökonomischer Begriff. Geld ist nach dieser poetischen Logik die kaum recht säkularisierte Form eines Opfers, mit dem Menschen Göttern Abbitte für das Unrecht ihres Daseins leisten. Von diesen Schuldgefühlen rührt gewiss auch der Reinlichkeitskult her, der die Sphäre des Geldes so ostentativ verschließt. Es spricht überdies vieles dafür, dass Schuld auch in ökonomischer Hinsicht früher ist als das Geld, dass Geld also „als zu verzinsende Schuld in Umlauf kam".[12] Und so behaupten poetische Werke auffallend häufig nicht nur die Geburt des Midas-Komplexes aus dem Geist des Gebärneides und die Geburt rationaler Denkformen aus dem Geist des geldvermittelten Äquivalententausches, sondern auch die Geburt des Geldumlaufs aus dem Geist der Schuld und der Verschuldung.

Ihre Gemeinsamkeit haben diese drei befremdlichen Thesen in der nicht weniger befremdlichen Vermutung, dass Geld und Dichtung vergleichbare, ja geradezu aufeinander verweisende Medien seien. Geld und Dichtung verstehen sich übereinstimmend als schöpferische Medien. Geld und Dichtung bemühen sich gleichermaßen darum, den „Sinn zu unterweisen". Und Geld wie Dichtung stehen in einem deutlichen (von zumindest latenten Schuldgefühlen gekennzeichneten) Konkurrenzverhältnis zur Religion. Für den Literaturwissenschaftler ist es natürlich beschämend, feststellen zu müssen, dass das Medium des Geldes auf allen drei Feldern ungleich erfolgreicher ist als das der Dichtung. Und deshalb ist es für ihn erfrischend, ab und an auch Hinweise zu finden, die die Unvermeidbarkeit von poetischen Fiktionen gerade für den Geldverkehr herausstellen. Drei knappe Belege mögen das illustrieren:

1. Luhmann wiederum hat vorgehoben, dass alle klassischen Versuche, substanzielle Deckungen für den Geldwert zu finden (etwa Grundbesitz, das Gold in Fort Knox oder das Bruttosozialprodukt), kaum zu halten sind. Geld sei vielmehr allein gedeckt durch – Geld. Und weil sich das heute langsam herumspräche, käme alles darauf an, „dass Fiktionen funktionieren"[13] und universal beglaubigt werden. Damit paraphrasiert der Systemtheoretiker nichts anderes als die Einsicht, die

2. schon Nathan der Weise hatte, als er Saladin die Ringparabel vorführte, um deutlich zu machen, wie die konkurrierenden Ansprüche dreier Religionen bzw. dreier Werte zu decken seien: „Nicht Kinder bloß speist man / Mit Märchen ab." Eine enge Allianz von Geld und Poesie führt

3. auch die 1987 erschienene Erzählung *Im Operncafé* von Bodo Kirchhoff vor.

In den Kreisen der lebensfroheren Intelligenz erzählte man sich dieser Tage, dass jetzt im Operncafé häufig ein Herr erscheine, an dessen Seite immer wieder Damen mittleren Alters Platz nähmen und mit unbewegtem Gesicht Erzählungen lauschten, die in so leisem Ton hervorgebracht würden, dass auch vom Nebentisch nichts aufzuschnappen sei; von wenigen gelassenen Bewegungen begleitet, habe dieses sanfte Gemurmel offenbar eine Wirkung, der man sich nur mit Ignoranz entziehen könne.[14]

Der Erzähler scheut nun keinen Aufwand, um diesen geheimnisvollen Menschen kennen zu lernen. Sein Geheimnis ist so tief wie profan: Er lässt sich für seine Kunst, im Zeitalter der Postmoderne noch reizvoll erzählen zu können, bezahlen. Nachdem auch der Erzähler einen entsprechenden Kontrakt abgeschlossen hat und so in den Genuss dieser Kunst gekommen ist, macht er eine aufregende Entdeckung.

Ich stellte das Glas ab. Wieder erglühte ich, diesmal in dem Bewusstsein eines gewaltigen Fundes. Es war jener schillernde Mann, dessen private Großbank vor etwa drei Jahren wie eine Seifenblase geplatzt war, nachdem er sie, allein durch Redebegabung und eine lächerlich hypnotisierende Wirkung auf die sonst so nüchternen Vertreter seines Berufsstandes, binnen kürzester Zeit in schwindelerregende Bilanzhöhen geführt hatte – damals Tagesgespräch im Operncafé. Zwei Jahre hatte er eingesessen, und niemand erkannt ihn wieder. Aus dem aalglatten Machtmenschen von damals war ein feinnerviger Erzähler der Ohnmacht gegenüber den Lüsten geworden; er schien nichts weiter als eine klare Sprache behalten zu haben. Wie er zu diesem neuen, leisen Gewerbe gekommen sei, fragte ich ihn. / Er habe nur ein einziges Talent, war seine Antwort – mit nichts als Worten aus dem Nichts etwas zu schaffen. Dieses Talent für die Geldvermehrung zu nutzen, sei ihm auf Lebenszeit verboten worden. Also nutze er es nicht mehr zur Gewinnung symbolischer Lust, sondern unmittelbarer. Und verdiene daran. Aber nun sollten wir gehen. Es sei schon zu voll hier. / „Sie müssen noch weitererzählen...“ / „Die Geschichte ist aus.“ / „Dann überlegen Sie sich eine Fortsetzung.“ / „Alle Geschichten enden, wenn man sie zu lange fortsetzt, mit dem Tod. Lieber nicht.“

Die Erfindung der Schrift

Jan Assmann

In welcher Weise hat sie die Welt verändert?

Auf der Schwelle zum elektronischen Zeitalter stehen wir vor einer Epochenschwelle, die durch eine Medienrevolution weltgeschichtlichen Ausmaßes bedingt ist. Mit dem Übergang von der Schriftkultur zur Digitalkultur sind Wandlungen verbunden, die sich nur mit den Wandlungen vergleichen lassen, die mit dem Übergang von der Mündlichkeit in die Schriftlichkeit verbunden waren. Um zu verstehen, in welchem Umfang der Computer unsere Welt zu verändern im Begriff ist, wollen wir uns darauf besinnen, in welchem Umfang die Schrift die Welt verändert hat.

Wir leben in einer schriftgeformten Welt und sind selbst schriftgeformte Wesen. Daher erscheint uns die Schrift als etwas Selbstverständliches. Wir können sie aus unserer Welt nicht mehr wegdenken und können uns nicht in eine schriftlose Welt hineinversetzen. Menschen, die in einer schriftlosen Welt leben, stellen wir uns als eine Art geistige Eintagsfliegen vor. In einer solchen Welt, so denken wir uns, kann nichts festgehalten werden. Alles muss täglich oder doch von Generation zu Generation neu erfunden werden. Die Gedanken, die Sprache, die Technik – alles ist beherrscht vom Prinzip der Flüchtigkeit, des Vergessens und Verschwindens. Erst die Schrift, glauben wir, stellt die Sprache auf ein dauerhaftes Fundament standardisierter Artikulation und Bedeutung[1] und schafft ein über Generationen vererbbares Gedächtnis. Erst durch die Schrift hat sich die Menschheit aus dem geschichtslosen Raum des Vergessens befreit und jene geistige und technische Evolution freigesetzt, die uns nun in immer größerer Beschleunigung in das nachschriftliche Zeitalter der elektronischen Kommunikation katapultiert.

In dieser pauschalen Form stimmt das natürlich nicht. Seit wir ihn zurückverfolgen können, hat der Mensch datierbare Spuren hinterlassen, die auf Traditionsbildung, d. h. ein von Generation zu Generation weitergegebenes Know-how schließen lassen. Seit den Anfängen menschlicher Kultur gibt es Entwicklung und Fortschritt. Eins baut auf dem anderen auf, Erfindungen wie der Ackerbau, das Rad, die Pferdezucht werden nicht gleich wieder vergessen, sondern stetig perfektioniert, in den immer komplexer werdenden Morphologien der Höhlenmalereien, Felsbilder, Petroglyphen, Keramik usw. prägen sich nicht nur zeitliche Abfolgen, sondern auch ethnische Zugehörigkeiten aus, und all das deutet auf ein kulturelles Gedächtnis, kraft dessen sich die Menschheit schon lange vor Erfindung der Schrift im Fluss der Zeit stabile Sinn-, Symbol- und sogar Zeichenwelten aufbaute. Wir könnten auch sagen, dass in diesem Sinne die Menschheit immer schon „geschrieben" hat – wenn wir bereit sind, diese Form, Symbol- und Zeichenwelten im Sinne von J. Derrida „Schrift" zu nennen, in denen das kulturelle Gedächtnis einer Gruppe sich zugleich ausdrückt und stabilisiert.[2] Nicht erst die Schrift im Sinne der visuellen Kodierung von Sprache, sondern das Prinzip der Form wirkt als traditions- oder gedächtnisbildendes Prinzip.[3] Das gilt nicht nur für Steinwerkzeuge und Keramik, sondern natürlich und vor allem für die Tänze, Riten, Lieder, Sitten und Bräuche, d. h. die ganze Lebenswirklichkeit dieser frühen Menschen, die keine sichtbaren archäologischen Spuren hinterlassen haben, aber von denen wir uns durch die Ethnologie ein Bild machen können.

Denken wir z. B. an die Song-lines der australischen Ureinwohner, jene Wanderwege, deren Stationen mit mythischen Episoden verbunden sind und deren jährliche Begehung die Menschen in die mythische Urzeit oder „Traumzeit" eintauchen lässt: Hier wird eine ganze Landschaft zur „Schrift", die Mythen werden ihr „eingeschrieben". Mythen, Genealogien und sonstige für die Identität der Gruppe wichtige Daten können in alle möglichen Objekte, z. B. Knotenschnüre, eingeschrieben werden, ohne dass es sich darum schon um Schrift im strengen Sinne handelt.[4] Auch dem Gedächtnis selbst können Dinge eingeschrieben werden. Dazu bedarf es erstens auch hier wieder der Formung: geformte Sprache, durch Reim, Rhythmus, Assonanz, Wiederholung, behält sich leichter als ungeformte, und zweitens der Übung. Wo immer sich das kulturelle Gedächtnis des menschlichen Gedächtnisses als einer Art von Schrift bedient, stoßen wir auf ein hoch entwickeltes Spezialistentum: die indischen Brahmanen, die afrikanischen Griots, die jugoslawischen Guslaren, die altgriechischen Rhapsoden waren Gedächtniskünstler, die schier unglaubliche Überlieferungsmassen über die Jahrhunderte bewahrt haben.[5]

In welcher Weise hat also nun die Schrift, im strengen Sinne der visuellen Kodierung von Sprache, die Welt verändert?[6] Da muss man sich zunächst klar machen, dass die Schrift eine Form ist, die von sonstiger Formgebung unabhängig macht. Um etwas aufschreiben zu können, muss es nicht geformt sein. Die Schrift macht es möglich, die Prosa des Lebens, das Alltägliche, Ungeformte, keinem Gedächtnis Einprägbare festzuhalten. In den so genannten Gedächtnisschriften und Notationssystemen der Gedächtniskulturen muss die Formung der Notation immer schon vorausgehen. Ohne die streng ritualisierte Form ihrer Begehung würden die Song-lines nicht funktionieren. Das gilt genauso für die Knotenschnüre, Bilderschriften und sonstigen vor-schriftlichen Notationssysteme.

Gedächtniskulturen sind hochgradig ritualisierte Gesellschaften. Je mündlicher eine Kultur, desto ritualisierter ist sie. Das gilt auch umgekehrt: je schriftlicher, schriftgeformter eine Kultur, desto ärmer ist sie an ritueller Formung. Das hängt damit zusammen, dass die Schrift eine Form ist und nicht bloß das dingliche Substrat oder die Erinnerungsstütze einer Form. Als Form entlastet die Schrift von anderer, ritueller und poetischer Formung. Wir sprechen ja auch von der „Schriftform" und denken da in keiner Weise an poetische Formung, sondern bloß an die Niederschrift einer völlig beliebigen Mitteilung. Zweitens: Die Lautschrift funktioniert nicht nur als ein externalisiertes Gedächtnis, das uns an etwas erinnern kann, sondern auch als eine externalisierte Stimme, die uns etwas mitteilen kann, auch wenn der Sprecher abwesend ist. Wir können nun feststellen, dass die Schrift für genau diese beiden Zwecke erfunden worden ist:

als ein künstliches *Gedächtnis* oder Datenspeicher für kontingente, ungeformte, keinem Gedächtnis anvertraubare Daten, und als eine künstliche *Stimme* für Botschaften, die in eine keiner menschlichen Stimme erreichbaren räumliche und zeitliche Ferne dringen sollten.

Schrift und Staat

Die frühesten Schriften sind in Mesopotamien und Ägypten erfunden worden, gegen Ende des 4. Jahrtausends v. Chr., und zwar jeweils in engstem Zusammenhang mit der Entstehung der ersten Staaten der Menschheitsgeschichte.

Beide Phänomene gehören offenbar eng zusammen. Der frühe Staat, als Nachfolgeinstitution der vorausgehenden Dorfgemeinschaften und Häuptlingstümer, bedurfte der Schrift als künstlichem *Gedächtnis*, um der unendlichen Datenfülle im Zusammenhang von Wirtschaft und Verwaltung Herr zu werden, und als künstlicher *Stimme*, um das herrscherliche Machtwort an alle Enden des Reiches dringen zu lassen und als Repräsentation königlicher Macht allen Bewohnern vor Augen zu stellen.[7]

Die Schrift ermöglicht neue Formen von Kontrolle und Verwaltung: Buchhaltung, Rechnungsführung, Registratur, Volkszählung, Steuerveranlagung, kurz alles das, worauf die komplexer gewordenen Gemeinwesen und frühen Staaten basieren. Der frühe Staat ist ohne Schrift nicht möglich.[8] Diese Staaten kannten keine freien Märkte, sondern nur das System einer auf genauer Planung und Bevorratung basierenden Speicher- und Versorgungswirtschaft, wie sie die Bibel im Zusammenhang der Joseph-Geschichte beschreibt.[9] Die Wandbilder in den altägyptischen Gräbern stellen uns eine Welt vor Augen, die von Schrift und Schreibern dominiert war. Es gibt kaum einen Lebensbereich, der nicht auf irgendeine Weise mit der Schrift in Berührung kam. Es waren zwar nur wenige, die schreiben konnten, aber was „Schrift" ist, war keinem Ägypter verborgen. Das war keine esoterische Kunst, von der das breite Volk sich nichts träumen ließ, sondern eine Kulturtechnik, auf der der gesamte Staat mit allen seinen Wirtschaftszweigen und Institutionen beruhte und mit der jeder auf seine Weise zu tun hatte, auch wenn er selbst nicht schreiben konnte. So eng begrenzt vermutlich ihre aktive Beherrschung, so allumfassend und alldurchdringend war ihr Einfluss.[10]

In den frühen Hochkulturen bildete die Bürokratie immer den Kernbereich der Schriftkultur. Hier entwickelte sie alle Raffinessen der Seitengestaltung, Tabellenschreibung, Verwendung verschiedenfarbiger Tinten usw., sowie die mit dem Schreiben eng verbundenen Künste des Zählens und Rechnens, des Kalenders und der Annalistik, kurz all das, wofür der Mond- und Schreibergott zuständig ist: in Mesopotamien Sin und in Ägypten Thot, den die Griechen dem Hermes gleichsetzten und der dann als Hermes Trismegistos zum Inbegriff der Weisheit wurde. In der Götterwelt vereinigt Thot die Kompetenzen des höchsten Beamten (des Wesirs) und des obersten Ritualisten. Zwischen den Amtsstuben und den Tempeln dürfen wir anfangs keine allzu scharfe Trennungslinie ziehen. Die Schreiber waren in beiden Bereichen tätig und wechselten wohl auch oft vom einen zum anderen. Auch im Tempel steht die Schrift im Dienst der Organisation präziser Abläufe. In beiden Bereichen fungiert die Schrift als Speicher und Stütze.[11]

Am Beispiel von Schrift und Staat kann man sehen, dass die Schrift eine Grenzüberschreitung ermöglicht: vom Dorf zur Stadt, von der Face-to-face-Gemeinschaft zur großräumigen politischen Organisation, von der Subsistenzwirtschaft zur Versorgungswirtschaft, eine Grenzüberschreitung, die im alten Ägypten etwa die Form eines Sprungs, einer unglaublich kurzfristigen und durchgreifenden Veränderung zu etwas qualitativ und quantitativ vollkommen Neuem angenommen hat.

SCHRIFT UND TOD

Grenzüberschreitend hat die Schrift auch in Bezug auf die Grenze gewirkt, die dem menschlichen Leben gesetzt ist: den Tod.[12] Auch hier hat die Schrift neue Räume einer, in diesem Fall nun vor allem *virtuellen*, Realität erschlossen. Die Schrift macht es möglich, nicht nur Spuren zu hinterlassen, die die eigene Existenz überdauern, sondern Botschaften, die zur Nachwelt reden. Nicht jede Kultur hat von dieser Möglichkeit Gebrauch gemacht und auch innerhalb einer Gesellschaft waren es immer nur wenige, die es darauf anlegten, im Medium ihrer Grabinschriften als virtuelle Sprecher den Nachgeborenen gegenwärtig zu bleiben. Das alte Ägypten ist auf diesem Weg der Selbstverewigung durch Selbstthematisierung sicher am weitesten gegangen. Hier wurden die Gräber der hohen Beamten schon im Alten Reich, d. h. seit ca. 2700 v. Chr., mit Bildern und Texten dekoriert, in denen die Grabherren gegenüber der Nachwelt von ihrem Leben, ihren hohen Ämtern und vorbildlichen Tugenden Zeugnis ablegten in der Hoffnung, sich auf diese Weise einen dauernden Platz im Gedächtnis der Gemeinschaft zu sichern. Die Schrift diente in den Grabinschriften als eine künstliche Stimme, mithilfe derer der Grabherr auch über den Tod hinaus zu den Nachgeborenen sprechen wollte. Eine typische Form dieser Inschriften ist etwa der „Anruf an die Lebenden":

O ihr Lebenden auf Erden, die ihr an diesem Grab vorbeigeht
und seine Inschriften lest, sprecht ein Opfergebet für den verstorbenen NN.
Ein Hauch des Mundes ist es ja nur, ohne Mühe für Euch,
aber nützlich für den Verklärten...

Hier wäre vor allem das Element des Virtuellen hervorzuheben, die Idee, in einem Medium als Stimme und Gedächtnis fortzudauern, auch über den Zerfall des natürlichen Gedächtnisses und der natürlichen Stimme hinaus. Genau die gleichen Träume einer virtuellen Fortdauer sehen wir jetzt im Zusammenhang des neuen Mediums der digitalisierten „künstlichen Intelligenz" und des Internets wieder aufleben. Das Internet erscheint als ein Raum, in den hinein man sich verkörpern kann in Form so genannter „Avatare", virtueller Personifikationen oder Doppelgänger, und auch wenn es hier vordringlich nicht um Ewigkeit und Unsterblichkeit, sondern um Selbstvervielfältigung und Multipräsenz geht, steht dahinter doch das Streben um mediengestützte Aufhebung der existenziellen Grenzen, um Erweiterung der Realität durch Virtualität. In diesem Sinne darf man vielleicht auch den extravaganten Gebrauch verstehen, den die Ägypter in ihren Gräbern von der Schrift gemacht haben.

Auf der Grundlage dieser Idee, im Medium seiner Grabinschriften im Gedächtnis der Nachwelt präsent zu bleiben, sind die Ägypter selbst bereits einen entscheidenden Schritt hinausgegangen und haben das literarische Werk als den unendlich viel besseren Weg zur Unsterblichkeit dargestellt. Der Autor eines guten Buches ist der bessere Grabherr; er hat sich ein Monument errichtet, das kein Zahn der Zeit zerstören kann. Auf dieses Motiv, das durch Horaz berühmt geworden ist, stößt man bereits in einer ägyptischen Weisheitslehre aus dem 13. Jh. v. Chr.

> (…) die weisen Schreiber seit der Zeit des Re,
> (…) haben sich keine Pyramiden aus Erz gebaut
> und keine Stelen dazu aus Eisen;
> sie haben es nicht verstanden, Erben zu hinterlassen in Gestalt von Kindern,
> ihre Namen lebendig zu erhalten.
> Doch sie schufen sich Bücher als Erben
> und Lehren, die sie verfaßt haben.
> Sie setzten sich die Schriftrolle als Vorlesepriester ein
> und die Schreibtafel zum „Liebenden Sohn".
> Lehren sind ihre Pyramiden,
> die Binse ihr Sohn,
> die geglättete Steinfläche ihre Ehefrau.
> (…) Ihre Grabkapellen sind vergessen,
> aber man nennt ihre Namen auf ihren Schriften, die sie geschaffen haben,
> da sie kraft ihrer Vollkommenheit fortdauern.

Man gedenkt ihrer Schöpfer in Ewigkeit.

(...)

Heilskräftiger ist ein Buch als eine gravierte Stele
und als eine solide Grabwand.
Es errichtet diese Gräber und Pyramiden
im Herzen dessen, der ihren Namen ausspricht.
(...) Der Mensch vergeht, sein Leib wird zu Erde,
alle seine Angehörigen schwinden dahin.
Doch ein Buch bewirkt, daß er erinnert wird,
indem ein Mund es dem anderen weitergibt.
Heilskräftiger ist ein Buch als ein gebautes Haus
und Grabkapellen im Westen.
Besser ist es als ein wohlgegründetes Schloß,
besser als ein Denkstein im Tempel.

(...)

Sie haben ihren Zauber verborgen vor der Menschheit,
die in ihren Schriften liest.
Sie sind gegangen und ihre Namen wären vergessen,
aber das Buch ist es, das die Erinnerung an sie wachhält.[13]

Die Literatur erscheint hier als die Fortsetzung oder vielmehr Überbietung der Monumentalarchitektur, des „Ehernen" bzw. „Steinernen", mit anderen, geistigen Mitteln. Nicht die Schrift als solche, aber der literarische, philosophische, künstlerische Diskurs ist das Medium einer todüberwindenden Fortdauer. Die Schrift erlaubt es, die im Autor verkörperte Gedanken- und Empfindungswelt herauszulösen, indem sie ihr einen Ersatzkörper verschafft, der der Vergänglichkeit des Fleisches enthoben ist, sodass es sich hier eher um einen Vorgang der „Exkarnation"[14] als der Inkarnation handelt.

Mit der Erfindung und dem Ausbau dieses künstlichen Gedächtnisses geht die Utopie der Unsterblichkeit einher, als der Wunsch, in diesem Gedächtnis einen dauernden Platz zu erringen, sich einzuschreiben in das Buch des Lebens. Man könnte also vermuten, dass die Schrift den Raum, den Gedankenraum der Unsterblichkeit erschlossen hat. Freilich gilt das nur für Ägypten, wo die Ideen der Fortdauer im sozialen Gedächtnis und der Unsterblichkeit der Seele frühen und elaborierten Ausdruck gefunden haben. Es gilt jedoch nicht für Mesopotamien und Israel, die doch, was die Schriftlichkeit und Schriftgeformtheit der Kultur angeht, auf mindestens gleichem Niveau wie

Ägypten standen. Wir dürfen nicht dem Irrtum eines Mediendeterminismus verfallen, der davon ausgeht, dass mit der Schrift als solcher bereits, automatisch, bestimmte Konsequenzen verbunden sind.[15] Es handelt sich immer nur um Möglichkeiten, deren Realisierung und konkrete kulturelle Ausprägung von vielen sozialen, politischen und kulturellen Faktoren abhängig ist.

Eng mit der Idee der Unsterblichkeit verbunden sind die Ideen der Autorschaft und der Individualität. Dieser Komplex ist es, der sich in der ägyptischen Grabkultur so eindrucksvoll herausgebildet hat. Die individuierende Auswirkung der Schrift auf den Schreibenden ist eine andere der in ihr angelegten Möglichkeiten. Man kann sagen, dass die Schrift den Autor konstituiert; hierfür gibt es im Bereich der Mündlichkeit keine Parallele. Der Name Homers steht nicht für eine Person, sondern für eine Tradition, die unter seinem Namen kodifiziert wurde. Der Barde ist Träger der Überlieferung; seine Kreativität besteht darin, der Überlieferung, die durch ihn hindurchgeht, eine besonders eindrucksvolle, elaborierte Gestalt zu geben. Der Autor dagegen steht der Überlieferung gegenüber und muss sie überbieten. Das ist nicht erst die Erfahrung der Moderne, sondern kommt schon in einem der ältesten Literaturwerke zum Ausdruck, die wir kennen, den um 1800 v. Chr. entstandenen Klagen des Chacheperreseneb.

> *O dass ich unbekannte Sätze hätte, seltsame Aussprüche,*
> *neue Rede, die noch nicht vorgekommen ist,*
> *frei von Wiederholungen,*
> *keine überlieferten Sprüche, die die Vorfahren gesagt haben.*
> *(...)*
> *keine Rede, von der man nachher sagen wird:*
> *„das haben sie früher gemacht",*
> *(...)*
> *O wüsste ich, was die anderen nicht wissen,*
> *was keine Wiederholung darstellt.*[16]

In diesen Sätzen ist das Grundproblem der Schrift auf den Punkt gebracht. Der mündliche Barde arbeitet im Zeichen der Wiederholung und der zyklischen Erneuerung. Sein Lied ist immer wieder neu, es „erneuert" sich in jeder neuen Aufführung, auch wenn es traditionell und möglicherweise uralt ist. Vom schriftlichen Autor dagegen erwartet man das Neue: *unbekannte Lieder, fremdartige Aussprüche, neue Rede, die noch nicht vorgekommen ist, frei von Wiederholung.* Er kann sich nicht auf die Tradition berufen, sondern muss sie aus Eigenem bereichern; das lateinische Wort *auctor* heißt ja „Vermehrer". Er muss in sich selbst die Quelle des Neuen, Unerhörten suchen. So sagt Chacheperreseneb:

> *Ich wringe meinen Leib aus und was in ihm ist*
> *und befreie ihn von allen meinen Worten.*

Das schreibende Ich ist ein anderes als das singende Ich. Es ist in einem ganz neuen Sinne „Ich" und wird ebenso von seinem Text als dessen Autor hervorgebracht wie es selbst diesen Text hervorgebracht hat. Das gilt in gewissem Sinne schon für das „Ich" der altägyptischen Grabinschriften, das sich in seinem Grab als Autor seiner Lebensgeschichte und als erinnerungswürdige Person präsentiert. Im Medium der Grabinschrift versammelt der Ägypter die Aspekte seines Lebens in einen Text und damit sich selbst in die Einheit einer Person, die dieser Text der Nachwelt zu fortdauerndem Gedächtnis überliefert. Aber hier hat sich der Text noch nicht vom Ich als seinem Gegenstand emanzipiert und hat daher an dessen Vergänglichkeit Anteil. Erst der literarische Text, der nicht von seinem Autor, sondern von dem unerhört Neuen und Wahren handelt, das dieser zu sagen hat, öffnet den Weg zur Unsterblichkeit.

Das Phantasma solcher schriftgestützten Fortdauer beruht nicht nur auf der Erwartung, dass die Botschaften noch in ferner Zukunft gelesen werden, sondern auch auf der Erfahrung, Botschaften aus ferner Vergangenheit lesen zu können. Als das oben zitierte Loblied auf das Buch als Medium der Unsterblichkeit entstand, blickte die ägyptische Kultur bereits auf mehr als anderthalb Jahrtausende schriftlich dokumentierter Geschichte zurück. So wie man in dieser Zeit die Gräber der Vorfahren besuchen und in uralten Büchern lesen konnte, hoffte man selbst von den Nachgeborenen noch in Jahrtausenden besucht und gelesen zu werden. Entsprechendes gilt in noch viel ausgeprägterer Form für Mesopotamien, wo es nicht nur darum ging, alte Schriften lesen, sondern die alte Sprache, das Sumerische, verstehen zu können.

Solche philologische Kompetenz führte zu einem besonderen Bildungsstolz, der sogar Könige erfüllte. Assurbanipal, Sammler der ungeheuren Palastbibliothek von Ninive, rühmte sich, die *Schriften von vor der Flut* lesen zu können, also Schriftzeugnisse einer über 2000 Jahre zurückliegenden Zeit.[17] Die Schrift erschließt einen Raum virtueller Gleichzeitigkeit, der einen zum Gesprächspartner jahrtausendealter Vorgänger und fernster Nachgeborenen macht. So wie die Ägypter die Gräber der Vorfahren besuchten, las man im Abendland in den Schriften der griechischen und lateinischen Autoren und führte mit ihnen, über die Jahrtausende hinweg, ein Geistergespräch. Martin Opitz pries das „genüge und (die) ruhe, welche wir schöpffen auß dem geheimen gespreche und gemeinschaft der grossen hohen Seelen / die von soviel hundert ja tausend Jahren her mit uns reden".[18] Diesen Chrono-Topos einer über-lebenszeitlichen, ja Jahrtausende umfassenden Kommunikation erschließt erst die Schrift.

SCHRIFT UND GESCHICHTE

So wie die Schrift Grenzen überschreitet, zieht sie auch Grenzen. Eine solcher durch die Schrift gezogenen Grenzen ist die schon erwähnte zwischen Alt und Neu, die es in dieser Form in der schriftlosen Welt nicht gibt. Eine andere Grenze ist die zwischen Mythos und Geschichte oder geglaubter und verbürgter Wahrheit. Damit komme ich zum dritten der durch die Schrift erschlossenen Wirklichkeitsbereiche: der Geschichte im Sinne eines quellenkritischen Diskurses über die Vergangenheit als Raum menschlichen Handelns und Leidens, im Gegensatz zu den fundierenden Erzählungen des Mythos, denen jede Quellenkritik fremd ist, die auf ganz anderen Wahrheitskriterien beruhen und in denen nicht Menschen, sondern Götter die Hauptrolle spielen.

Geschichte im Sinne eines quellenkritischen Diskurses kann es erst geben, seitdem es aussagekräftige Quellen gibt. Hier bedeutet die Erfindung und Verwendung der Schrift die entscheidende Epochenschwelle. Erst die schriftliche Quelle gibt verlässliche Kunde darüber, was, wann, wo, wem geschah. Ohne Archive ist keine Geschichtsschreibung möglich. Die Schrift fundiert einen Raum der nachprüfbaren Beurkundung, einen auf Tatsächlichkeit gegründeten Datenspeicher, dessen sich die Geschichte als Erzählung bedienen kann, um die Wahrheit über das Geschehene zu bekunden. So ist die Schrift die Bedingung der Möglichkeit von Geschichtsschreibung, und zwar im Sinne der Schriftlichkeit nicht nur der Erzählung, sondern auch und vor allem der Dokumente, auf denen diese basiert.

Wenn man Herodot und Platon Glauben schenken darf, dann haben die Ägypter auf der Basis ihrer Archive ein spezifisch schriftgeprägtes Geschichtsbewusstsein entwickelt, das dem mündlich und mythisch geprägten, aristokratischen Herkunftsbewusstsein der Griechen widersprach. Als Hekataios von Milet, so erzählt uns Herodot, nach Theben kam und den dortigen Priestern seinen Stammbaum bis zum sechzehnten Ahn, einem Gott, vorrechnete, führten ihn die Priester in den Tempel und zeigten ihm 341 hölzerne Kolossalstatuen.

> *Dem Stammbaume des Hekataios und seiner Behauptung,*
> *im sechzehnten Gliede von einem Gott abzustammen,*
> *stellten sie ihre genealogische Berechnung gegenüber und*
> *bestritten ihm die Abstammung eines Menschen von einem Gott.*
> *Ihre Berechnung war folgendermaßen. Von den Urbildern dieser*
> *Standbilder stamme immer einer vom anderen, Piromis von*
> *Piromis, und im ganzen seien es dreihundertfünfundvierzig solcher*
> *Standbilder, und trotzdem führe der Stammbaum nicht auf einen*
> *Gott oder Heros zurück. Piromis ist im Griechischen soviel wie*
> *edelbürtig. Das heißt also: in einem Zeitraum von 11 340 Jahren*
> *haben nur menschliche Könige, nicht aber Götter in Menschengestalt,*
> *über Ägypten geherrscht.*[19]

Hier geht es nicht um Schrift, sondern um Statuen, aber diese Statuen haben wir uns beschriftet zu denken mit Texten, aus denen die Identität des Dargestellten hervorgeht, sodass sie als Geschichtsquellen gelten können. Noch deutlicher arbeitet Platon den Unterschied zwischen griechischem und ägyptischem Geschichtsbewusstsein heraus. Hier ist es Solon, der die Priester von Sais mit der griechischen Urgeschichte konfrontiert. „Ihr Griechen bleibt doch immer Kinder", rufen die Priester aus, und einen alten Griechen gibt es nicht. Der Grund für die griechische Jugend liegt in den periodischen Katastrophen, die alles angehäufte Wissen wieder vernichten. In Ägypten dagegen wurde alles Bedeutende „insgesamt von alters her in den Tempeln aufgezeichnet und bleibt also erhalten. Ihr dagegen und die übrigen Staaten seid hinsichtlich der Schrift und alles anderen, was zum staatlichen Leben gehört, immer eben erst eingerichtet, wenn schon wiederum nach dem Ablauf der gewöhnlichen Frist wie eine Krankheit die Regenflut des Himmels über euch hereinbricht und nur die der Schrift Unkundigen und Ungebildeten bei euch übrig lässt, sodass ihr immer von neuem gleichsam wieder jung werdet und der Vorgänge bei uns und bei euch unkundig bleibt, so viel ihrer in alten Zeiten sich ereigneten. Wenigstens eure jetzigen Geschlechtsverzeichnisse, wie du sie eben durchgingst, unterscheiden sich nur wenig von Kindermärchen."[20] Das griechische, mündlich verfasste Geschichtsbewusstsein ist „jugendlich", es geht immer schon nach einigen Generationen in Mythos über, während das ägyptische, schriftlich verfasste Geschichtsbewusstsein auf „alter Überlieferung" und „mit der Zeit ergrauter Kunde" basiert, die viele Jahrtausende zurückreicht, ohne je in die mythische Welt der Götter überzugehen.

Dass die Griechen sich des Unterschieds zwischen Mythos und Geschichte in der Begegnung mit den Ägyptern inne wurden und sich selbst dabei auf die Seite des Mythos zu schlagen gezwungen sahen, entbehrt nicht der Ironie, wird das Verhältnis von Orient und Okzident doch heute genau umgekehrt rekonstruiert. Die alten Ägypter haben in der Tat über die Vergangenheit minutiös Buch geführt, und wir dürfen vermuten, dass die Archive des Tempels von Sais zum Zeitpunkt von Solons Besuch bis in die Tage von Menes zurückreichten, der um 3000 v. Chr. das Reich gegründet hat.

In diesem Sinne dokumentierter Vergangenheit und kritischer Überprüfbarkeit hat die Schrift die Geschichte hervorgebracht und den Mythos vertrieben oder zumindest in seinem Wahrheitsanspruch relativiert. Die Schrift sorgte dafür, dass, wo Mythos war, Geschichte entstand, weil sie Verhältnisse dokumentierte, in denen nicht Götter, sondern Menschen herrschten und die Menschen für ihre Taten verantwortlich waren. Die Schrift verleiht der Erinnerung die Eigenschaft der Überprüfbarkeit und damit ihrem Wahrheits*anspruch* die zusätzliche Eigenschaft eines Wahrheits*wertes*, der dem Mythos abgeht.

SCHRIFT UND OFFENBARUNG

Mit genau dem gleichen mythenkritischen Pathos eines neuen Wahrheitswertes tritt die Schrift auch im Bereich der Religion auf. Hier stützt sich ihr Anspruch auf eine Offenbarung, die sie verbrieft und verbürgt. Alle Offenbarungsreligionen – Judentum, Christentum, Islam, Buddhismus, Jainismus, die Religionen der Sikh und der Mormonen – basieren auf einem Kanon heiliger Schriften, die den Willen ihres Stifters und die höhere Wahrheit seiner Offenbarungen kodifizieren.[21] Ebenso evident ist der kritische Anspruch dieser Wahrheit. Auch hier zieht die Schrift eine Grenze. Denn erst diese in einem ganz neuen Sinne schriftgestützten Religionen ziehen die Grenze zwischen wahrer und falscher Religion und konstruieren die Umwelt der anderen Religionen als „Heidentum", Unwahrheit, Unglauben und Irrtum. Grenzen zwischen dem Eigenen und dem Fremden hat es immer gegeben, aber diese Grenze im Zeichen der Wahrheit ist etwas radikal Neues und ohne die Schrift nicht denkbar.[22] Erst die Schrift schafft die Bedingung dafür, dass eine Religion sich auf eine höhere, geoffenbarte Wahrheit berufen und alles andere zu sich in die Beziehung der Unwahrheit setzen kann. Offenbarungsreligionen sind Schrift- bzw. Buchreligionen.

Buchreligionen kehren das Verhältnis von Text und Ritus um. In den Kultreligionen ist der Text in das Ritual eingebettet und diesem untergeordnet, in den Buchreligionen ist der Text das Entscheidende und das Ritual hat nur noch rahmende und begleitende Funktion.[23] Mit der Aushöhlung der Riten kommt es zu einem Strukturwandel auch des „kulturellen Gedächtnisses". Beruhten in den Kultreligionen die „konnektiven Strukturen", die die identische Reproduktion der Kultur über die Generationenfolge hinweg sicherten, in allererster Linie auf dem Prinzip ritueller Wiederholung, so beruhen sie in den Buchreligionen auf dem Prinzip der Auslegung der kanonischen Texte.[24]

Am klarsten tritt dieser Wandel in der unterschiedlichen Form hervor, in der die Mitglieder von Kult- und von Buchreligionen an der Überlieferung partizipieren. In den Kultreligionen, im Zeichen der rituellen Kohärenz, herrscht eine Partizipationsstruktur, die auf dem Geheimnis basiert. Kultreligionen sind Geheimnisreligionen, sie sind bestimmt vom Pathos der Geheimhaltung, Exklusivität und Esoterik. Buchreligionen dagegen sind Offenbarungsreligionen. In ihnen herrscht das Pathos der Verkündung und Erklärung.[25] Hier kommt es auf die maximale Verbreitung der Textkenntnis an. Im Idealfall sollte jedes Mitglied der Gemeinschaft die Texte lesen, ja auswendig kennen und Zugang zu einem Ausleger haben, der sie ihm oder ihr erklären und bei dem er oder sie sich Rat holen kann.

Bereits der jüdische Historiker Josephus Flavius hat im 1. Jh. n. Chr. den Unterschied zwischen Kultreligion und Buchreligion oder „ritueller" und „textueller Kohärenz" auf den Punkt gebracht, wenn er Judentum und Hellenismus gegenüberstellt:

Wo wäre demnach eine gleich ehrwürdige Staatsverwaltung zu finden?
Wo eine, die mit der Ehrfurcht gegen Gott in schönerem Einklang stände?
Wenn alle Schichten des Volkes zur Frömmigkeit erzogen werden,

wenn die Pflege der letzteren vornehmlich den Priestern anvertraut ist –
sieht das nicht aus, als ob das gesamte öffentliche Leben eine einzige
heilige Festfeier wäre? Was die Heiden unter dem Namen Mysterien
und Weihen nur in wenigen Tagen begehen, ohne es jedoch
dauernd in ihren Herzen bewahren zu können, daran halten wir
mit unendlichem Entzücken und unverrückten Sinnes allezeit fest.[26]

Die Heiden müssen warten bis zur nächsten Durchführung des Rituals, aber die Juden sind im ständigen Besitz ihrer kulturellen Texte, weil sie in „öffentlichem Unterricht" von den Priestern darin unterwiesen werden. Ihre „Mysterien" sind permanent und kontinuierlich. Sie bestehen in der von priesterlicher Auslegung geleiteten Lektüre der heiligen und kulturellen Texte. Je mehr eine Gesellschaft durch Schrift bestimmt ist, desto weniger spielen die Riten in ihr eine Rolle. Den entscheidenden Wandel in dieser Hinsicht hat aber nicht die Erfindung der Schrift, sondern der Buchdruck herbeigeführt, weil erst er als ein Verbreitungsmedium die Partizipationsstruktur drastisch verändert hat.[27]

Vielleicht darf man sogar noch einen Schritt weiter gehen. Buchreligionen verändern nicht nur die Struktur der kulturellen Kohärenz, von ritueller zu textueller Kohärenz, und sie ziehen nicht nur eine Grenze zwischen sich und den anderen Religionen, die sie als Grenze zwischen Wahrheit und Unwahrheit interpretieren. Vielleicht zieht in diesem Funktionszusammenhang die Schrift sogar die entscheidendste aller Grenzen: die Grenze zwischen Gott und Welt. An diesem Punkt wird es nun doch unumgänglich, zwischen ideographischer und Alphabetschrift zu unterscheiden. Es scheint sogar, dass die Wissenschaft zuerst im Zusammenhang der Religionsgeschichte auf diesen Unterschied aufmerksam geworden ist. Bereits in der ersten Hälfte des 18. Jahrhunderts war klar geworden, dass die Offenbarung des Gesetzes am Sinai nicht im Medium der Hieroglyphen (von denen man annahm, dass Mose sie in Ägypten erlernt habe), sondern nur in einer nicht-bildlichen Alphabetschrift kodifiziert werden konnte.[28] In diesem Sinne postuliert Moses Mendelssohn in seiner Schrift *Jerusalem* eine enge Parallele von religiösen und schrifttechnischen Innovationen:

Mich dünkt, die Veränderung, die in den verschiedenen Zeiten der
Kultur mit den Schriftzeichen vorgegangen, habe von jeher an den
Revolutionen der menschlichen Erkenntnis überhaupt und
insbesondere an den mannigfachen Abänderungen ihrer Meinungen
und Begriffe in Religionssachen sehr wichtigen Anteil.[29]

Erst die Alphabetschrift erschließt in ihrer radikalen Ablösung von jedem Weltbezug durch Bildlichkeit den Raum der Transzendenz. „Die Nichtbildlichkeit der Alphabetschrift", schreibt Christian Stetten, „konstituiert dagegen Transzendenz. Das alttestamentliche Bilderverbot ist von der Tradition des göttlichen Wortes her ausgesprochen, und diese ist Tradition der Schrift. Transzendentes Wort und Schrift fallen hier zusammen."[30] Die Verschriftung der Offenbarung führt letztlich zu einer Ausbürgerung des Heiligen aus der Welt, einerseits in die Transzendenz und andererseits in die Schrift. Die Kultreligionen setzen das Heilige als auf vielfältigste Weise innerweltlich, in der Welt anwesend voraus, in Bildern, Bäumen, Bergen, Flüssen, Gestirnen, Tieren, Menschen und Steinen. Das alles wird in den Buchreligionen als Idolatrie, Götzendienst, Fetischismus gebrandmarkt. Moses Zorn beim Anblick des orgiastischen Tanzes ums Goldene Kalb fängt diesen Gegensatz mit der Prägnanz einer Urszene ein. Die Schrift in seinen Händen (die Tafeln mit den Zehn Geboten) und die Szene vor seinen Augen erweisen sich als inkompatibel. *Diese* Schrift und *dieser* Kult bilden einen unversöhnlichen Gegensatz. Daher zerschmettert er die Tafeln und muss sie sich, nachdem das Kalb zerstört und das Volk bestraft ist, ein zweites Mal ausstellen lassen.

Die Dinge dieser Welt und insbesondere die Bilder stellen Fallstricke dar, die die Aufmerksamkeit von der Schrift abziehen. Die Schrift fordert eine grundlegende Umlenkung der Aufmerksamkeit, die ursprünglich auf Erscheinungen dieser Welt und das in ihnen sich zeigende Heilige gerichtet war und nun ganz auf die Schrift und ihre Auslegung konzentriert wird. Vieles spricht dafür, dass der jüdische Monotheismus, das Prinzip der Offenbarung und der aus diesem Prinzip entwickelte und sich immer mehr steigernde Abscheu gegen die als Magie, Aberglauben und Götzendienst verschrienen traditionellen Formen des Kultes aus dem Geist der Schrift geboren ist. Der Schritt in die Religion der Transzendenz war ein Schritt aus der Welt – man möchte fast von einer Auswanderung, einem Exodus, sprechen – in die Schrift.[31] Die Welt wird als solche zum Gegenstand der Idolatrie erklärt und diskreditiert. Der radikalen Außerweltlichkeit Gottes entspricht die radikale Schriftlichkeit seiner Offenbarung.

Ohne die Kulturtechniken der Schrift und der Hermeneutik wäre das, was man im 18. Jahrhundert „positive Religion" nannte und der „natürlichen Religion" als etwas Artifizielles gegenüberstellte, nicht denkbar. Dem prophetischen Monotheismus mangelt es an natürlicher Evidenz; er wandelt, wie Paulus sagt, nicht in der Schau, sondern im Glauben. Der Glaube stützt sich auf die Schrift, auf den verbrieften Bund und das Gesetz. Der Kult stützt sich auf den Akt, den Vollzug, die Schau. Die Schrift führte zu einer Entritualisierung und Enttheatralisierung der Religion.

So hat die Schrift die Welt verändert. Sie hat Grenzen überschritten und Grenzen gezogen. Mit der Überschreitung der Grenzen unseres Gedächtnisses und unserer Stimme hat sie die Bildung großräumiger politischer und wirtschaftlicher Organisationsformen ermöglicht und die Idee der Kultur als eines Jahrtausende umfassenden Gedächtnisses und Kommunikationsraums entstehen lassen, angesichts dessen die Menschen von Unsterblichkeit und Fortdauer träumen konnten. Mit der Aufrichtung der Grenzen zwischen dem Alten und dem Neuen sowie dem Geglaubten und dem Verbürgten hat sie einen neuen, kritischen Wahrheitsbegriff geschaffen und eine Ideenevolution in Gang gesetzt. Mit der Aufrichtung der Grenze schließlich zwischen Buchreligion und Kultreligion, scriptura und natura, offenbarter und natürlicher Religion, Monotheismus und Kosmotheismus hat sie die Dynamik der abendländischen Religionsgeschichte bestimmt.

DIE ERFINDUNG DER POLITIK

CHRISTIAN MEIER

Die Frage ist zunächst, ob Politik überhaupt erfunden worden ist. Paßt der Begriff der Erfindung auf die Politik?

Nimmt man Politik in einem allgemeinen Wortsinn, dann ist es eine Art des Handelns innerhalb der Menschenwelt, und das gibt es im Zweifelsfalle so lange, wie es Menschen gibt.

In einem etwas engeren Wortsinn ist es das Handeln im Sinne einer Gruppe, zumeist das von Führenden, von Herrschenden. Auch in dieser Hinsicht ist Politik unvordenklich, denn dieses Phänomen, daß bestimmte Gruppen sich zusammenschließen und daß einige oder meistens ein einziger dann der Führende ist, der das Handeln dieser Gruppe in irgendeiner Weise bestimmt, das gibt es schon bei Primaten.

Ich erinnere mich, daß mir einer derer, die über Politik so viel nachgedacht haben wie wenige sonst, nämlich Carl Schmitt, erklärt hat, wenn er noch einmal eine Vorlesung über das Staatsrecht und seine Geschichte zu halten hätte, würde er mit den Primaten beginnen. Da wäre ja vieles wirklich schon da. Und dasselbe gilt in irgendeiner Weise auch, wenn man noch etwas anderes hinzudenkt, nämlich die politische Einheit – also jenes Genus von Gruppen, das heute in der Form des Staats auftritt. Auch das ist, soweit man sieht, in aller Regel nicht erfunden worden, sondern Schritt für Schritt entstanden, ohne daß die Menschen am Anfang genau gewußt hätten, was am Ende da sein sollte.

Das, was eventuell aus einer Reihe von Erfindungen hervorgeht – die politische Theorie –, folgt erst der Sache, denn sie ist später, sie ist nur den späten Formen, etwa des modernen Staates vorgeordnet, indem hier und mei-

---

Auf Wunsch des Autors erscheint dieser Beitrag in der alten Rechtschreibung.

stens dank der Griechen und zum Teil der Römer bestimmte Dinge vorgegeben waren, aufgrund deren man eine Theorie konzipierte, die dann im Staat zum Teil ihre Verwirklichung gefunden hat.

Kurz: Mit dem Terminus Erfindung kann man hier nicht viel machen, es sei denn, man benutzt dieses Wort, um etwas zu bezeichnen, was die lange Geschichte eines Volkes im Effekt erbracht hat. Dies könnte man summarisch Erfindung nennen, obwohl es in einem breitgelagerten Prozeß erst allmählich entstanden ist. So könnte man in einem bestimmten Sinn die Griechen als Erfinder der Politik bezeichnen. So wie man eine Unzahl von Griechen über Jahrhunderte hin in dem Wort „die Griechen" zu einem Subjekt zusammenfaßt, kann man natürlich auch das, was sie in summa hervorgebracht haben, zu einer Erfindung gerinnen lassen.

Freilich fragt sich: Haben die Griechen die Politik in diesem Sinne erfunden? Was sie erfunden haben, sind zunächst nur die Worte, mit denen wir Politik und verwandte Dinge wiedergeben:

„*Ta politika*": wörtlich übersetzt: „die politischen (oder die bürgerlichen) Angelegenheiten" und „*he politike*" – wo zu ergänzen ist „*techne, episteme, dynamis*" oder dergleichen – also die „politische" (Wissenschaft).

In diesen beiden Formen ist das Adjektiv „*politikos*" zu Substantiven geronnen, die auf lateinisch dann mit dem Wort „politica" übersetzt wurden und seitdem immer die Sache – nämlich die Politik als Sache – und zugleich die Wissenschaft davon bezeichnen.

„*Politikos*", das wir mit „politisch" wiedergeben, stammt dabei nur indirekt von Polis. Es ist vielmehr von „*polites*", also vom „Bürger" aus gebildet. „*Politikos*" ist „bürgerlich", in einem ganz besonderen, griechischen Sinne – nicht in unserm Sinne des „Bourgeois", sondern eher in dem des Citoyen, genau genommen in dem des griechischen Bürgers.

Nun müssen natürlich die Erfinder des Wortes, mit dem eine Sache in bestimmten späteren Sprachen bezeichnet wird, nicht auch die Erfinder der Sache sein, und natürlich gab es Politik auch im alten Ägypten, im Assyrerreich, in Indien und sonstwo, lange also vor den Griechen. Aber mit den Griechen kommt offensichtlich etwas ganz Neues dazu, und darauf weist dieses Wort schon dadurch, daß es eben nicht von einem Äquivalent für „politische Einheit", sondern vom „Bürger" – vom „einzelnen Bürger" wie von der Summe der „politai" abgeleitet ist.

Es handelt sich also um Politik in Bürgerschaften und von Bürgerschaften, und im Hintergrund steht das Ergebnis dieser Geschichte, nämlich die

Demokratie, die nun wirklich in ziemlich exaktem Sinne eine griechische Erfindung ist.

Ich nehme an, davon sollte ich hier handeln.

Ich möchte zunächst aber noch einen weiteren Begriff einführen, der eine genaue Übersetzung von *„ta politika"* oder *„to politikon"* ist, nämlich den Begriff des Politischen – das Politische ist ja nicht dasselbe wie Politik. Solche Begriffe in Form von substantivierten Adjektiven zu bilden, ist eine griechische Eigenschaft und Angewohnheit. Die Griechen sprechen von *dem Schönen, dem Guten* und *dem Gerechten*, indem sie jeweils auf den Kern des mit dem Adjektiv Gemeinten zielen: das, was schön ist in alldem, was man als schön bezeichnet – oder entsprechend als gerecht oder gut –, dasjenige also, was das Schöne zum Schönen macht – denn alle schönen Gegenstände haben ja noch andere Eigenschaften –, das wird auf diese Weise gefaßt, und diese Art Begriffsbildung spielt in der Philosophie seitdem eine große Rolle.

Das Politische wäre also das, was das Politische zum Politischen macht. In diesem Sinne ist das Politische von den Griechen aber nicht gebraucht worden. Sie haben mit „to politikon" vielmehr einfach „das Bürgerliche" bezeichnet. Es diente ihnen dazu, die Polis zu bezeichnen, genauer: das Allgemeine an der Polis, das allen Bürgern Gemeine sowie die Polis in ihrer Gesamtheit.

Die Frage nach dem Politischen, wie wir sie stellen, ist modern, und obwohl der Wortgebrauch in einem allgemeinen Sinne schon älter ist (schon bei Jacob Burckhardt kommt „das Politische" vor), ist hier ein Erfinder namhaft zu machen: Carl Schmitt, der 1927 den Begriff des Politischen schrieb, und zwar aufgrund einer von ihm sehr scharf, überscharf gesehenen Problematik. „Politisch", das sei – und das ist ja zweifellos richtig – im Abendland vornehmlich auf den Staat bezogen. Das Politische und das Staatliche seien so gut wie deckungsgleich gewesen. Und diese Deckung war – so Carl Schmitt – zu seiner Zeit aufgehoben worden. Es gab konkurrierende Kräfte, die ebenfalls politisch waren und zwischen denen Politik sich abspielte. Parteien etwa, speziell die Kommunistische Partei und die Kommunistische Internationale, die ihrerseits auf dem politischen Feld sehr wirksam agierte, ja dem Staat anspruchsvoll Konkurrenz zu machen schien, Gewerkschaften etc.

Folgerung: Der Staat hatte nicht mehr unbestritten das Monopol des Politischen, und damit ergab sich die Frage: Wodurch unterscheidet sich – wenn jetzt so viele andere Agenten auf diesem Felde auftauchen – der Staat von den anderen?

Die Antwort hätte man sehr leicht mit Max Weber geben können: Der Staat ist derjenige Verband, der das Monopol legitimer Gewaltanwendung hat. Nur der Staat kann legitim Gewalt anwenden – indem er jemanden etwa zum Tode verurteilt, oder ihn in ein Gefängnis sperrt, ihm also seine Freiheit für eine bestimmte Zeit raubt, und zwar berechtigterweise. Genausogut kann der Staat sein Militär einsetzen – auf legitime Weise.

Diese Definition aber war Carl Schmitt in irgendeiner Weise nicht ausreichend – er hat sie in diesem Zusammenhang gar nicht erwähnt. Er hat statt ihrer eine andere vorgebracht: Der Staat ist derjenige, der zwischen Freund und Feind unterscheiden kann. Er kann das Opfer des Lebens von seinen Bürgern verlangen – etwa im Krieg. Er kann überhaupt in der extremsten, in der intensivsten Situation – wie Carl Schmitt sagt – darüber entscheiden, ob Krieg geführt werden kann. Das ist zwar richtig, aber damit ist die allgemeine Definition des Staates ganz sicher nicht hinreichend zu geben, denn man kann nicht alle diejenigen, die zwischen Freund und Feind unterscheiden, als Staaten bezeichnen.

Schließlich treffen auch kriminelle Verbände, Mafiaorganisationen diese Unterscheidung, und zwar sehr wirksam. Will man ihre Kämpfe von Kriegen unterscheiden, so muß man die Politische Einheit – als parti belligérant – wieder einführen, so daß man bei einem Zirkelschluß landet. Aber dies ist ein anderes Problem, auf das ich hier nicht eingehen will. Und ein wieder anderes Problem, das ich hier ebenfalls beiseite lassen muß, ist, wie man vom Adjektiv „politisch" heute zu einem Begriff des Politischen kommen kann. Denn dieses Adjektiv hat eine komplizierte Geschichte, verschiedene Bedeutungen liegen nebeneinander; sie wechseln u. a. mit den Substantiven, mit denen man das Wort verbindet. Man kann nicht einfach eine von ihnen herausnehmen, um sie dann in „dem Politischen" auf den Begriff zu bringen.

Die zweite Frage, die sich aus dieser Erkenntnis – daß der Staat das Monopol des Politischen verloren habe – ergibt, ist die: Was ist denn dann das Politische, wenn es nicht mehr derart mit dem Staat und dem Staatlichen gleichgesetzt werden kann?

Es ist auf jeden Fall – damit hat Carl Schmitt gewiß recht – kein eigenes Sachgebiet, so wie das Ökonomische, das Ästhetische etc., sondern es bezeichnet den Intensitätsgrad einer Assoziation oder Dissoziation von Menschen.

Anders gesagt: der Staat hat keinen abgrenzbaren Gegenstand, wie man sich das zeitweilig vorstellen konnte, als er für bestimmte Dinge zuständig war, aber im übrigen ganze Sphären staatsfrei blieben (oder bleiben sollten), sondern es gibt keine grundsätzlich staatsfreien oder politikfreien Sphären, es sei denn sie werden eigens als solche gesichert. So in den Verfassungen, die ja zunehmend und insbesondere im 20. Jahrhundert darauf ausgehen, bestimmte Gegenstände aus der Verfügungsgewalt des Staates auszuschließen, was wiederum durch einen politischen Akt geschieht – nämlich durch den konstituierenden Akt einer Verfassungsgebung. Alles übrige aber kann grundsätzlich und – wie viele Erfahrungen zeigen – auch aktuell immer wieder Gegenstand staatlicher Tätigkeit sein: Das Ökonomische, das Ästhetische, das Konfessionelle schon lange, die Erziehung, inzwischen auch die Frage, ob der Mensch seine Gene, oder die Gene seiner Nachfahren, verändern kann oder nicht. Insofern kann alles in das Politische einbezogen werden, außer, wie gesagt, die Verfassung schließt es aus; was ja wiederum zum Teil Sache der Interpretation (etwa durch das Verfassungsgericht) ist.

Näherhin ist das Politische – so hat es Ernst Wolfgang Böckenförde definiert – ein bestimmtes Beziehungs- und Spannungsfeld, und zwar – so möchte ich hinzufügen – dasjenige, das sich innerhalb der politischen Einheiten und zwischen ihnen spannt.

Genauer gesagt: innerhalb und zwischen den politischen Einheiten samt denen, die es mit ihnen aufnehmen können; denn was politische Einheiten sind und wer dazu zählt, ist nicht in jeder Hinsicht unumstritten. Es gibt Übergänge, in denen neue Formen politischer Einheit entstehen, die die alten in irgendeinem Ausmaß in Frage stellen. So in der Geschichte, wo es ursprünglich etwa Geschlechterverbände gab, die in ihrem Innern durchaus das Monopol legitimer Gewaltanwendung praktiziert haben und denen das auch zunächst keiner streitig gemacht hat. Da war also die Politik Politik zwischen Geschlechterverbänden, dann aber ist – in Rom etwa – die res publica gekommen und hat ihnen das streitig gemacht. Sie hat schließlich dieses Monopol für sich beansprucht, und zwar mit Erfolg. Die res publica hat es dann also mit den Geschlechterverbänden aufgenommen und auf die Dauer diese Verbände beiseite gedrängt – genauer gesagt in sich eingeschmolzen, indem sie ihnen einen Gutteil ihrer zuvor beanspruchten Verfügungsgewalt nahm.

Heute erheben sich neben den Staaten terroristische Netzwerke, mit denen – wie man weiß – geradezu Krieg geführt wird. Der Staat in Form der Weltmacht Vereinigte Staaten erklärt also Herrn Bin Laden samt einigen anderen, die seiner Organisation zugehörig zu sein scheinen, geradezu den Krieg, das heißt, er faßt sie als kriegführende Partei auf, ohne daß er sie aber unbedingt so behandelte, denn die, die er fängt, betrachtet er ja nicht als Kriegsgefangene. Hier sieht man, wie wiederum ein an sich eingeführtes, freilich auch in Auflösung begriffenes System von Staaten in Frage gestellt wird, durch andere Kräfte, die in der Tat für sich beanspruchen, legitim Gewalt anzuwenden, auch wenn wir, oder jedenfalls die Mehrheit der westlichen Welt, ihnen diese Legitimität nicht zugestehen. Aber wir wissen ja noch nicht, wie das weiter geht. Hier könnte geradezu das Ende des Zeitalters der Staatlichkeit avisiert sein. Man muß hinzufügen, daß wir normalerweise – angesichts der Tatsache, daß unsere Staaten immer mehr Kompetenzen nach oben an höhere Organisationen (die EU, die UNO etc.) abgeben – zu übersehen pflegen, was sie nach unten verlieren. Hier eröffnet sich jedenfalls viel Raum für die Bildung neuer und neuartiger politischer Organisationen, von vielerlei Netzwerken zum Beispiel, die auf recht verschiedenen Gebieten ihr Wesen treiben, wirtschaftlich, politisch, kriminell bis hin zu möglichem Terrorismus. Die politischen Einheiten müssen also bei der Definition des Politischen vorausgesetzt werden, auch wenn man solche, die es mit ihnen aufnehmen, miteinbeziehen will und muß. Und die definiert man am besten mit Max Weber.

Irgendwo besteht schließlich immer das Monopol dieser legitimen Gewaltanwendung, sei es fest verankert, sei es eben strittig zwischen den vorhandenen Einheiten und denen, die es mit ihnen aufnehmen können. In und zwischen den politischen Einheiten erstreckt sich dann also ein Feld, in dem politische Positionen und politische Entscheidungen umstritten sind. Und eben dieses Feld ist meines Erachtens als das Politische zu bezeichnen.

Im einen Extrem – um es nur beispielhaft zu umreißen – liegt die Politik beim Monarchen, und umstritten ist sie dann zwischen seinen Helfershelfern, seinen Kammerherren, seinem engeren Anhang, seinen Nepotes im Sinne des Nepotismus etc. Die Entscheidungen fallen zumeist hinter der Palastwand, mehr oder weniger geheim – mit einigen Einwirkungsmöglichkeiten von außen.

Das andere Extrem ist, daß die Politik weitestgehend öffentlich gemacht wird und daß alle Bürger, und nicht nur der Monarch und sein engerer Klüngel, daran beteiligt sind. Dies ist eben die Erfindung der Griechen. Hier ist bei den Griechen auf diese Weise etwas Neues entstanden.

Was aber haben sie auf diesem Feld erfunden?

Zunächst – wie schon erwähnt – den Bürger, das heißt eine bestimmte Form der Zugehörigkeit zu einem Gemeinwesen. Sodann die Bürgerpolis, das heißt das Gemeinwesen, das in extremer Weise direkt und unvermittelt von den Bürgern ausgemacht werden kann. Es ist gekennzeichnet dadurch, daß bei den Griechen mit wenigen Ausnahmen das Ganze des Gemeinwesens nicht mehr als die Summe der Teile sein sollte. Es sollte wirklich das ganze Gemeinwesen zwischen den Bürgern liegen und nicht von außen sozusagen als ein Forderndes, Beanspruchendes ihnen entgegentreten. Eine gewisse Ausnahme bildet ausgerechnet das Athen des 5. Jahrhunderts – also die am besten bekannte Polis. Wenn das Gemeinwesen nicht mehr als die Summe der Teile sein soll, so bedeutet das zugleich, daß zentrale Instanzen dort kaum eigene Macht haben sollten, wie das etwa in Rom der Fall war. Und noch einiges mehr: In der Zuspitzung kommt es schließlich zur Demokratie.

Wie das geschah, möchte ich kurz umreißen, weil die Vorgeschichte für das Verständnis wohl nötig ist: Es ist die Geschichte der Griechen seit etwa dem Anfang des letzten Jahrtausends vor Christus, nach dem Zusammenbruch der mykenischen Kultur. (Diese mykenische Kultur war eine Palastkultur unter starker Einwirkung zumindest von Kreta, das seinerseits wiederum von den orientalischen Palastkulturen stark beeinflußt worden war. Diese Kultur ist aber, wie man weiß, zusammengebrochen, es ist sogar die Schrift verlorengegangen.) Die Griechen haben in der Folge, obwohl sie einige Erinnerungen an die alte Zeit hatten (vermittelt durch die homerischen Sänger), fast neu angefangen. Das Eigenartige ist, daß sie aus relativ primitiven Verhältnissen heraus in einen Prozeß des Lernens geraten sind; Lernen vor allem von östlichen Kulturen, mit denen sie über See, unter anderm vermittelt über die Phönizier, die bei ihnen Handel trieben, in Berührung kamen. Dieser Prozeß des Lernens beförderte die Entfaltung großer Handlungsmöglichkeiten, und zwar in einer Zeit, in der keine mächtigen oder auch nur halbwegs mächtigen zentralen Instanzen vorhanden waren. Anders gesagt: Keine irgendwie mächtigen Monarchen.

Die Griechen siedelten rings um die Ägäis, lebten zumeist an bestimmten Plätzen, wo sich die Siedlung konzentrierte, in der Regel zu Füßen einer Akropolis, und sie fühlten sich ziemlich selbständig, und zwar sowohl als einzelne – die dort ihre Güter hatten, die dort zusammenlebten, aufeinandertrafen – wie als Verband.

Eben diese Gruppe, die in einer Stadt und deren Umland siedelte, fühlte sich zusammengehörig und grenzte sich – zunächst wohl nicht sehr scharf – von den Nachbarn ab. So entstand aus ziemlich primitiven, einfachen Verhältnissen ein Zusammenhang innerhalb kleiner Gebiete. Was übrigens die Geographie nicht unbedingt erforderlich machte, denn in Mykene hatte es ziemlich große Reiche in derselben Landschaft schon früher gegeben. Die einzelnen Einheiten hatten Monarchen, die freilich nicht sonderlich mächtig waren. Aber irgendwer muß ja manchmal Versammlungen einberufen, für dies und jenes zuständig sein, Gericht halten, den Göttern namens der Gemeinde opfern und im Krieg das Aufgebot anführen. Letztlich waren die Könige primi inter pares. Mehr oder weniger neben ihnen standen die Adligen. Und die legten großen Wert auf Eigenständigkeit, sie wollten im Grunde möglichst selbständig sein; mit ihrem Haus, aufgrund der Einkünfte, die sie aus ihrem Gut mit ein paar Helfern (zunehmend werden es Sklaven, vorher sind es mehr Knechte oder Diener) erzielen. Zusätzlich trieben sie Seeraub, auch Handel.

Insgesamt lebten die Gemeinden vor sich hin. Es wäre denkbar, daß mit der Zeit, so wie es in Italien wenig später geschah, Ausscheidungskämpfe zwischen den Poleis stattgefunden hätten – eine gegen die andere, und dergestalt, daß sich allmählich einige Städte als Vormächte herausgestellt hätten, vielleicht gar mit der Zeit eine Stadt die maßgebende geworden wäre, oder daß sich eine Zwei-Mächte-Konstellation herausgestellt hätte. Dann hätten sich kräftigere Herrschaften gebildet. Das aber geschah gerade nicht.

Eine andere Möglichkeit, die sich ein halbes Jahrtausend vorher realisiert hatte, wäre gewesen, daß diese Griechen, wie eben schon erwähnt, unter den politischen Einfluß orientalischer Kulturen geraten wären und daß es bei ihnen zu ähnlichen Machtzusammenballungen, wie sie immer wieder an Grenzen von Hochkulturen erfolgen, gekommen wäre, indem sich dort kleine Reiche, eine Art Klientelfürstentümer etwa östlicher Königreiche, gebildet hätten. Das aber passierte auch nicht. Der Orient war nämlich zu weit weg. Keine Macht interessierte sich von außen für die Ägäis. Gleichzeitig aber war der Orient auch wiederum nah, denn man konnte über See relativ gut dahin gelangen.

So waren die Beziehungen zu den Hochkulturen sehr dicht, aber nur im Handel und im Lernen, Lernen im weitesten Sinne des Worts. Denn die Griechen gewannen dort eine ganze Reihe von Einsichten, aber auch Mythen, Bilder, Vorstellungen, Techniken, Methoden etc., mit deren Hilfe sie allmählich eine immer differenzierter werdende Kultur ausbildeten. Nur war das Eigenartige, daß dieser ganze Vorgang des Übernehmens, des Lernens etc. nicht zugunsten von Monarchien verlief – denn die waren zu schwach –, sondern zugunsten des Adels. Damit lagerte sich das, was dort an politischen Möglichkeiten entstand, relativ breit. Und ebenso tat es künftig die Macht.

Als Übervölkerung (oder wenigstens Landmangel) eintrat, hat man wiederum nicht Eroberungen in der Nähe gemacht, sondern Kolonien in der Ferne gegründet. Das bedeutete auf der einen Seite eine Entlastung des Mutterlandes, auf der anderen wiederum eine Stärkung der adligen Unternehmer, denn die waren es, die diese Kolonien gründeten. Auf irgendeine Weise also gelang es den Griechen, eine ziemlich urtümliche Lebensform lange zu bewahren: ein freier, sich relativ frei auslebender, relativ breiter Adel über die verschiedenen Städte hin, bei großem Wertlegen auf Eigenständigkeit, anders gesagt auf Abwehr von jeder Art größerer Machtversammlung.

In dieser relativ urtümlichen Form aber und zu deren Befestigung bildeten die Griechen, wie gesagt unter zahlreichen Anleihen im Orient, ihre Kultur immer weiter aus und wurden sich mit der Zeit in irgendeinem Sinne bewußt, was sie eigentlich wollten und sein wollten. Die Griechen haben viele Kriege geführt, wie die Römer auch, aber wo in Rom kein Krieg ohne Eroberung ausging, machten die Griechen fast nie Eroberungen (von kleinen Landstrichen vielleicht abgesehen). Es ging ihnen nur darum zu siegen. Das war, wenn auch blutig, eine Art Turnier. Da maßen sich zwei Gemeinwesen aneinander, in fast ritualisierten Formen, aber am Ende stand nur fest, wer gesiegt hatte (und Beute machte). Vielleicht, daß der Sieg eine Stadt von der anderen abhängig machte; aber sie blieb gleichwohl selbständig. Die Bürger dieser Gemeinwesen also wollten offensichtlich unter sich bleiben. Einzelne konnten in die Bürgerschaft aufgenommen werden. Ganze andere Gemeinwesen aber wollten sie sich – ganz anders als die Römer – nicht einverleiben. Anders gesagt: Sie wollten nicht Teil größerer politischer Einheiten sein. In größeren Einheiten wären sie relativ klein gewesen. In den kleinen, in denen sie leben wollten, waren sie eher groß, jeder für sich, speziell der Adel. Aber auf die Dauer sind auch die Bauern allmählich in eine ähnliche Stellung und in ähnliche Ansprüche hineingewachsen.

Dieses Zusammenleben nun hat dazu geführt, daß in den Poleis die Öffentlichkeit relativ stark ausgebaut wurde; und zwar Öffentlichkeit in einem sehr konkreten Sinne. In der Mitte der Stadt befand sich bei den Griechen ein leerer Platz. Anderswo wird die Mitte der Stadt vom Rathaus eingenommen, vielleicht mit einem Platz davor, oder vom königlichen Palast oder dergleichen. Hier aber wurde der Platz in der Mitte – und noch einige andere Plätze – durch die Bürger eingenommen, welche dort Politik machten, Recht sprachen, sich miteinander ausglichen, in engem Austausch miteinander, bei einem hohen Grad an Geselligkeit. Dort wurden Tänze geübt und aufgeführt, Chöre veranstaltet, Sport getrieben (und zugeschaut). Das Leben auf diesen Plätzen, wo man sich traf, wurde als ein Leben in Freiheit angesehen, sehr genau unterschieden von dem des Hauses. Das Haus war für die Frauen das Zentrum des Lebens, die Öffentlichkeit war die Domäne der Männer; im Haus wurde gearbeitet, in der Öffentlichkeit war man frei, und diese Scheidung, zu der noch weitere Scheidungen – zwischen Freien und Sklaven etwa – hinzukamen, ist sehr entscheidend gewesen. Sie hat in der Öffentlichkeit eine Sphäre von eigenem Reiz geschaffen.

Politisch haben die Griechen der archaischen Zeit (bis weit ins 6. Jahrhundert v. Chr. hinein) zwar dies und jenes an Institutionen entwickelt und eingeführt, aber wenig Chancen für die Massierung eigener Macht in diesen Institutionen aufkommen lassen. Trotzdem spielte Politik natürlich eine große Rolle. Es gab harte Konflikte, Auseinandersetzungen bis hin zum Bürgerkrieg und auch Usurpationen durch die sogenannten Tyrannen. Sekundär trat hier also auch wieder Monarchie auf den Plan.

Da braute sich mit der Zeit ein sehr eigenartiger Prozeß zusammen. In den Krisen dieser Jahrzehnte, die im Ursprung insbesondere wirtschaftliche Krisen waren – die Bauern hatten sich vielfach verschulden müssen, sie wurden stark ausgebeutet; wenn sie die Schulden nicht zurückzahlen konnten, mußten sie ihren Hof verpfänden, anschließend ihre Familie, schließlich eventuell sich selbst, so daß sie in die Sklaverei verkauft wurden, es kam verschiedentlich zu Empörungen. Oft waren so schnell keine Lösungen möglich, und vor allem war auch keine Macht da, die sich als Lösung präsentieren konnte. Denn die Tyrannen haben es nicht vermocht, ihre Herrschaft auf Dauer zu institutionalisieren und zu legitimieren. Es kam über kurz oder lang die Meinung auf, daß Tyrannis nicht sein sollte. Wie aber konnte man die schweren Konflikte lösen?

In der Regel war der Adel der Stärkere, denn er konnte sich um Politik kümmern, und die andern mußten sehen, wie sie fertig wurden. Aber in Ausnahmesituationen, wenn es zu Empörung kam, waren die andern stark genug, um gewaltsam – sehr gewaltsam, unter Umständen auch ziemlich grausam – über die Adligen herzufallen, ihre Kinder auf der Tenne zertrampeln zu lassen durch das Vieh etc. Angesichts dieser Problematik verfiel man schließlich auf einen ganz neuen Ausweg. Man bat nämlich kluge Leute – die sogenannten Weisen, man spricht auch von Sieben Weisen, es waren aber mehr als sieben – um Hilfe. Man gab ihnen Vollmachten. Sie sollten sehen, daß sie die direkten Gravamina beseitigten und das Gemeinwesen befriedeten. Bei dieser Tätigkeit mußten sie sich auf die Dauer einen Maßstab erarbeiten, denn was war die richtige Ordnung? Und wenn es keinen Tyrannen oder keinen König gab und geben sollte, dem man am Ende das reformierte Gemeinwesen übergeben konnte, mußte man auf Möglichkeiten sinnen, daß die Gemeinwesen sich gleichsam selber tragen konnten. Man mußte also sehr genau die Zusammenhänge des politischen Lebens kennenlernen, studieren, die Kausalitäten, die Gesetzmäßigkeiten des Zusammenlebens. Das war – nebenbei gesagt – die Problematik, die die frühgriechische Philosophie beschäftigte, denn dort stellte sich die Frage, wie hält sich überhaupt die Welt zwischen den Planeten. Und auch hier war die Antwort ein Gleichgewichtssystem; offensichtlich eine Antwort, die sich in der Politik nahelegte und dann in die Philosophie übertragen wurde.

Zu diesem Gleichgewicht gehörte aber – da der Adel der stärkere war – in irgendeiner Weise eine Aufwertung der andern, der Mittleren zunächst, die sich nicht so stark an der Politik beteiligten, denen es einigermaßen gut ging – sie gehörten nicht zum Adel, waren aber auch nicht direkt notleidend –, auf die Dauer aber auch eine stärkere Berücksichtigung der Notleidenden, denn anders war offenbar dies Gleichgewicht nicht herzustellen. Und dies ist auf eigenartige Weise gelungen. Die politischen Denker haben es vermocht, schließlich mit der Zeit ein Gleichgewicht herzustellen, indem sie entsprechendes Wissen – Wissen insbesondere von den Zusammenhängen des Polislebens – bei den breiteren Schichten erzeugten, indem sie auch Ansprüche erzeugten und indem sie vor allem etwas erfanden – das ist wieder eine griechische Erfindung – und das war die Verantwortung der Bürger für das Gemeinwesen.

Daß die Bürger verantwortlich dafür sind, wie es ihrem Gemeinwesen geht, dachte man auch in Israel. Die Propheten haben das immer wieder ihren Landsleuten zugerufen. Aber daß man politisch, und zwar durch politische Institutionen, etwas verändern kann – das steht bei den Propheten nicht, das ist in Israel auch nicht der Fall gewesen, sondern darauf kamen die Griechen.

Wenn die sich aber nun stärker beteiligen sollten, dann sprach dafür einerseits die Einsicht, daß, wenn sie sich nicht zur Wehr setzten, gegen die Willkür des Adels nichts zu machen ist. Zweitens sprach dafür der Reiz und die Anziehungskraft der Öffentlichkeit. Immerhin war es der Bereich, den der Adel so stark ausgebaut hatte, in dem er lebte. Wenn man sich nun stärker in der Politik engagierte, dann hatte man auch als Bürger der mittleren Vermögensgruppe die Möglichkeit, in dieser Öffentlichkeit etwas zu bedeuten, dann konnte man sich eine Art von Aufstieg erkämpfen, die damals die einzige nennenswerte Art von Aufstieg für breitere Schichten war. Dort, wo man im Mittelalter wirtschaftlich gute Chancen hatte, mit der Zeit reich zu werden, Wohlstand zu gewinnen, gab es diese Chancen in der Antike kaum. Doch gab es eben die Chance des politischen Aufstiegs, freilich weniger für den einzelnen als für die Gruppe der Mittleren, später u. U. auch der Unteren.

Und so engagierten sich diese Bürger in einer Weise, daß die Teilhabe an Politik auf die Dauer für sie nicht mehr Mittel, sondern Zweck war. Man ging nicht in die Volksversammlung, um sich etwa als Mieter besondere Rechte gegenüber den Vermietern zu schaffen oder irgendwelche günstigen wirtschaftlichen Bedingungen oder dergleichen, nein, man ging dorthin, um an Öffentlichkeit und Politik teilzuhaben. Das war das eigentliche Ziel. Dadurch nämlich wurden die Bürger wirklich Bürger, bewährten und bewiesen sie sich als Bürger und konnten dazu noch etwas anderes produzieren, was die griechische Polis in der Tat produziert haben muß, weil die Demokratie anders nicht hätte existieren können, nämlich eine gewisse Einmütigkeit in der Breite des Volkes.

Nicht, daß sie sich immer einig gewesen wären – sie haben sich durchaus gestritten, sind durchaus verschiedener Meinung gewesen –, aber im Entscheidenden pflegten sie geschlossen zu handeln. Sowohl Herodot als auch Aristoteles haben ihnen das bescheinigt. Wenn eine Oligarchie am Ruder ist, so hört man dort, gibt es immer Streitigkeiten und Parteiungen. Der Demos aber verfällt nicht in Parteiungen, die letztendlich die Ordnung in Frage stellen, sondern es gibt bloß Meinungsverschiedenheiten im einzelnen, die man untereinander austrägt. An der Tatsache, daß man herrschen und primär teilhaben will, wird nicht gerüttelt, und das hatte eine bestimmte Politik zur Folge.

So haben sich diese Bürgerschaften in dem Sinne politisiert, daß aus den Männern, die der Stadt angehörten, zunehmend Bürger im politischen Sinne wurden, eben solche, die ihre Erfüllung weitgehend innerhalb der Politik fanden. Die Griechen haben auf diese Weise sich selber, nicht ihre Angelegenheiten politisiert (wie wir das tun). Indem sie in diesem extremen Sinne Bürger wurden, haben sie das, was sie als einzelne an Interessen hatten, in ihrem Haus, etwa als Handwerker eines bestimmten Gewerbes, als Händler, als Bauern, außerhalb der Politik gelassen, es wurde nicht Gegenstand der Politik. Eben dadurch wurde es möglich, daß die Bürgerschaft als solche, befreit von dem, was im Hause geschah, eine Macht wurde. Wenn sie diese Einmütigkeit nicht gehabt hätten, wären sie den Adligen hoffnungslos unterlegen gewesen, die übrigens das wichtige Personal der Politiker, Heerführer, Diplomaten auch in der Demokratie noch lange gestellt haben.

So entstand also eine bestimmte Form des Zusammenlebens aller Bürger in der Demokratie, eine bestimmte Form der politischen Auseinandersetzung in der Öffentlichkeit – wie die Griechen sagen: „in der Mitte" (der Polis). Wenn man eine Demokratie einführt, kann man das auf griechisch ausdrücken mit „tithenai ta pragmata es to meson", also „die Dinge den Bürgern in die Mitte legen". Dort konnte sie jeder sehen und beurteilen, und darauf war man stolz. Perikles hat sehr deutlich betont, daß die Athener im Unterschied zu den Spartanern gar nichts dagegen hatten, wenn jeder hörte, was bei ihnen verhandelt werde, selbst die Feinde dürften es, denn man hatte in Athen nicht das Gefühl, dabei zu gewinnen, wenn man die eigenen Angelegenheiten vor den Feinden verheimlichte. Sollten die ruhig zuhören! Das gibt ein paar Nachteile, aber der Vorteil ist größer, daß alles offen auf den Tisch kommt. Damit entstand zugleich eine Form der Identifizierung mit der Polis. Im 6. Jahrhundert kam man in mehreren Städten zu einer Vorstufe der Demokratie, der sogenannten Isonomie, und ein halbes Jahrhundert später in Athen zur Demokratie selbst.

Man kann dies etwa auf die Zeit kurz vor 460 v. Chr. datieren. Die Voraussetzung dazu war der Perserkrieg, speziell der Sieg über die Perser – diese waren im Jahr 500 zum ersten Mal in Konflikt mit den Griechen geraten, 490 gegen Athen gefahren, dort aber in der Schlacht bei Marathon unterlegen, dann noch einmal mit einer Riesenstreitmacht zu See wie zu Lande gekommen, die bei Salamis ihre erste schwere Niederlage erlitt. Es folgte eine zweite, so dass der griechische David endgültig den persischen Goliath besiegte. Eine Folge davon war, daß die griechischen Städte an der kleinasiatischen Westküste samt den vorgelagerten Inseln ihrerseits von den Persern befreit werden wollten, die dort seit mehr als einem halben Jahrhundert geherrscht hatten. Dazu schloß man ein Bündnis. Athen mit seiner großen Flotte war die führende Macht innerhalb dieses Bündnisses. Es geriet in kürzester Zeit aus der Rolle eines Kantons in die einer Weltmacht, wenn denn eine Weltmacht ist, was es mit einer Weltmacht – denn das war das Perserreich – aufnehmen kann. Man hatte außerordentliche Erfolge.

Es wurde dabei eine Schicht in Athen aufgewertet, die bis dahin nicht viel zu sagen hatte, nämlich die Tagelöhner und Handwerker, welche als Ruderer zu dienen hatten. Die Flotte wurde zur wichtigsten Waffe der Stadt. So konnte aus diesen kleinen, relativ geringgeschätzten Leuten plötzlich ein militärischer und über kurz oder lang auch ein politischer Machtfaktor werden. Zunächst, in den ersten Jahren dieses Aufstiegs, wurde die Stadt aller Wahrscheinlichkeit nach in einem Zusammenspiel zwischen dem Adelsrat auf dem Areopag und der Volksversammlung regiert. Der Adelsrat hatte Autorität und Sachkenntnis, der führende Politiker stützte sich auf ihn und scheint damit innerhalb der Volksversammlung eine gewisse Überlegenheit gewonnen zu haben. Genau dies aber hat andere wiederum geärgert, vermutlich vor allem wegen der Außenpolitik, die der Adelsrat trieb. Sie konnten jedoch gegen ihn wenig ausrichten. So kamen sie darauf, daß er entmachtet werden müsse. Eben dies haben sie vom Volk beschließen lassen (nach einer Zeit der Agitation). Damit entstand die radikale Demokratie.

Es gibt ein interessantes Detail aus dieser Zeit, in einer Tragödie des Aischylos überliefert, aus dem wohl zu schließen ist, daß diese Politiker damals zwar nicht gesagt haben „Wir sind das Volk", aber immerhin offenbar: „Hier steht das Volk. Alle die hier anwesend sind, sind das Volk." Und man scheint außerdem festgestellt zu haben: „Dort wo die Gesamtheit betroffen ist, soll die Gesamtheit auch entscheiden."

Also ist in dieser Zeit offensichtlich bewußt geworden, daß die Bürgerschaft – so jedenfalls nach Meinung ihrer Mehrheit – nicht nur das Objekt adliger Fürsorge sein sollte. Denn die Adligen hatten immer behauptet: „Wir wissen alles viel besser. Wir können die besten Ratschläge geben, also sagen, wo es langgeht." Genau das aber wurde jetzt bestritten. Doch konnte man den Adligen nicht mit der einfachen Umkehrung ihrer Behauptung kommen: Daß das Volk klüger sei, ließ sich so leicht nicht plausibel machen. Doch hatte man andere, bessere Argumente: Wo die Gesamtheit betroffen ist, soll die Gesamtheit entscheiden, das hieß: wer am Ende den Kopf hinhalten soll, der soll auch am Anfang die Entscheidung treffen. Die Stadt solle nicht Objekt adliger Fürsorge, sondern sie müsse Subjekt ihrer selbst sein. Die Volksversammlung sollte einfach, weil sie das Ganze darstellte – und damals stellte sich zum ersten Mal sehr deutlich die Frage nach dem Ganzen der Stadt –, die Entscheidung haben. Und so wurde es in Zukunft auch praktiziert. Es gab keinen Adelsrat mehr – genauer gesagt, er existierte noch als Gericht, aber er hatte politisch keine Funktion mehr – und die Volksversammlung traf wirklich die wichtigsten Entscheidungen.

Kleine Bürger, die häufig die Mehrheit bildeten, bekamen also das Geschick einer Weltmacht und damit auch Griechenlands in die Hand. Mehr oder weniger alle zehn Tage trat die Volksversammlung zusammen. sie hatte ein Organ, das in etwas kleinerem Kreise die Gegenstände der Versammlung vorberiet, den sogenannten Rat der 500. Aber damit der nicht zu mächtig wurde, wurde bestimmt, daß die Ratsmänner einerseits durch das Los bestimmt wurden – dadurch kam es zu einem beliebigen Querschnitt durch die Bürgerschaft (und führte nicht dazu, daß die Einflußreichen ihre Leute in den Rat bekamen) –, und zweitens durfte die Stellung als Ratsmann nicht kontinuiert werden. Man war ein Jahr Ratsmann und dann eventuell noch ein zweites Mal in seinem Leben, aber nicht anschließend an das erste. Zu 100 Prozent wurde dieser Rat also Jahr für Jahr ausgewechselt. Man brauchte ihn, um in einem kleineren Kreise Vorberatungen zu machen, doch wollte man nicht, daß er durch Erfahrungen, Beziehungen etc., wie sie sich in einem politischen Gremium unabhängig von dessen Kompetenzen immer sammeln, mächtig würde.

Grundsätzlich galt in dieser Demokratie, daß das größtmögliche Gremium jeweils die Entscheidungen treffen sollte. Besonders wenige Entscheidungen sollten in der Hand der Beamten liegen. Dazu trug bei, daß die meisten Beamtenstellungen zehnfach besetzt wurden, dann wirkten mehrere mit- und gegeneinander und traten sich unter Umständen auf die Füße. Außerdem setzte man für verschiedene, aber nahe beieinanderliegende Kompetenzen verschiedene Beamte ein. Die einen waren etwa für die Werften zuständig, die anderen für die Schiffe, die dort gebaut wurden. Allesamt mußten sie dann sehen, wie sie miteinander fertig wurden und notfalls an höhere Instanzen, wie an den Rat, appellieren. Und dieses System mit den vielen Beamten, die allesamt nicht viel zu sagen haben, ist dann zugleich aus anderem Grund für die Demokratie wichtig. Denn, wie Aristoteles sagt: Ob Politik etwas Gutes oder etwas Schlechtes ist, wenn alle Bürger gleichberechtigt sind, müssen sie alle an der Politik teilnehmen, also auch an den politischen Funktionen. Der Turnus, in dem die Beamtenstellen bekleidet werden, von möglichst vielen, wird als ein Wesensmerkmal der Demokratie angesehen.

Man sagt oft, die Bürger in der Demokratie hätten ja Sklaven gehabt – das ist richtig –, sie seien, da weder Frauen noch Unfreie noch die ansässigen Nichtbürger mitzusprechen hatten, eigentlich eine Oligarchie gewesen – zahlenmäßig ist das auch richtig. Aber immerhin waren Reiche und Arme (unter den Bürgern) mit gleichen Rechten ausgestattet, auch wenn die Reichen ein bißchen mehr Spielraum hatten. Insgesamt ist es insofern wirklich eine Demokratie gewesen, und es kommt hinzu, daß in diesem Gemeinwesen Nichtspezialisten die Politik machten, daß die Regierten zugleich die Entscheidenden waren, ferner, daß zum ersten Mal die politische Ordnung radikal unter eben der Alternative „Soll das Volk weitestgehend regieren, oder sollen das andere tun" zur Disposition geriet, und daß zugleich alle Angelegenheiten der Polis als Polis zum Gegenstand von Politik werden.

Insgesamt ist es eine revolutionäre Veränderung gewesen, die sich hier vollzog. Menschen wurden auf erstaunliche Weise zu Herren ihrer Verhältnisse gemacht – insbesondere natürlich in Athen, schon weniger in den Städten, die Athen beherrschte. Es sammelte sich vieles in Athen und seiner Demokratie, und was sich dort sammelte, ging anderen zum Teil verloren, indem sie Spielräume einbüßten, aber relativ gesehen haben auch dort die Bürger einen großen Anteil an der Stadt gehabt, und insofern hat sich das Politische der Griechen auch dort etabliert und ausgedehnt.

Mit dem Politischen gehört in dieser Phase des 5. Jahrhunderts die ungeheure Belebung der gesamten Kultur aufs engste zusammen. Denn was diese Bürgerschaft an jeweils neuen Fragen – speziell der Außenpolitik, aber auch der Verfassung – zu verhandeln und zu entscheiden hatte, das wurde zugleich in den Tragödien in einer Weise auf die Bühne gebracht, die bis heute aktuell ist. Nicht nämlich im einzelnen, weit gefehlt, aber in all dem, was mit den neuen Problemen im Wissen der Bürger in Frage gestellt wurde.

Das Ganze ist zum Äußersten getrieben worden im Peloponnesischen Krieg. Athen versuchte, seine weit überzogene Machtstellung gegen das Gros der Griechen zu behaupten, und ist am Ende unterlegen. Danach ist zwar die attische Demokratie nach einer ganz kurzen Zwischenphase wiederhergestellt worden – neu befestigt, mit besseren Institutionen ziemlich lebensfähig gewesen, aber das wichtige war, daß aus dieser Demokratie und aus den vielen Ansprüchen, die sie machtvoll erhob, letztlich eine Theorie hervorging, die Theorie Platons, dessen Antworten in vieler Hinsicht fragwürdig, dessen Fragen aber bis heute nicht zur Ruhe gekommen sind. Und die Theorie des Aristoteles: die beiden wichtigsten Transportmittel, auf denen die Kunde des Politischen der Griechen dann ins Mittelalter und in die Neuzeit gelangt ist. Vorbild war freilich im Mittelalter und in größeren Teilen der Neuzeit mehr die römische Republik, die eine gemischte Verfassung (wenn man so will) war. Vor der Demokratie hatten die Leute eher Angst. Daß die breiten Schichten die Macht ergriffen, und das noch dazu in Großstaaten, konnte kaum leicht als gut erscheinen. Aber, wie man weiß, ist schließlich auch bei uns Demokratie möglich, ja die eigentlich wünschbare Verfassung geworden.

Ich möchte noch einen kurzen Blick auf die Neuzeit als Gegenbild werfen: Wie gesagt, das Wort „politisch" hat sich hier mit dem Staat verbunden, einem Staat, in den aber von vornherein Elemente griechisch-römischer Philosophie auf verschiedenen Wegen eingegangen sind, so daß schon die Konstruktion des absolutistischen Staates der Neuzeit welthistorisch sehr eigentümlich und ganz neu war. Es war die einzige politische Einheit in der Weltgeschichte, in der es gelang, in ihrem Innern eine Alternative zur Monarchie aufzubauen. Denn all das, was der Staat geschaffen hat, konnte ja, so wie es war, von Republiken und Demokratien übernommen werden. Der Monarch ließ sich also erübrigen. Sonst hat es, soweit wir wissen, nie eine denkbare

Alternative zur Monarchie gegeben außer dem Chaos. In Europa war das anders, in Nachwirkung nicht zuletzt der Griechen und Römer.

In den Staaten der Neuzeit gibt es immer ein bestimmtes Zentrum, heute wie damals. Das ist die Regierung, was es bei den Griechen so nicht gab. Es gab nur bei den Römern ein gewisses Äquivalent. Zu diesen Staaten gehört, daß die Bürger repräsentiert sind, insbesondere in Parlamenten. Diese Staaten haben dann – und zwar vermittels dieser Parlamente – enorme Möglichkeiten gehabt, immer mehr Anforderungen, die an sie gestellt wurden, zu befriedigen, denn allein die Herausbildung des Staates ergibt ja eine gewisse Scheidung zwischen Staat und Gesellschaft, auch wenn die erst von Hegel auf den Begriff gebracht worden ist. Ziemlich von vornherein wird hier die Gesellschaft in einen besonderen Raum gleichsam zurückgestaut, der Staat macht die Politik – daher kommt ja die Monopolisierung des Politischen – und die Gesellschaft lebt mehr oder weniger frei, treibt ihre Wirtschaft, schafft sich Bildung etc., schafft schließlich die sogenannte bürgerliche Öffentlichkeit, greift von dort aus dann auf den Staat über und schafft es, eine ganze Reihe von Dingen politisch einzufangen. (Der Begriff des politischen Einfangens scheint mir sehr wichtig zu sein.)

Es werden etwa die Wirtschaftsordnung, die Frage der Arbeit, der Kinderarbeit, der Frauenarbeit etc., all die Fragen, die aufkommen mit dem Frühkapitalismus – um nur ein Beispiel zu nennen –, eingefangen, indem zunächst die Regierung und am Ende und vor allem die Sozialdemokratie sich dieser Fragen annimmt und andere sich dagegen stellen, so daß zwischen diesen Positionen, zumal den Parteien und anderen, all dies ausgehandelt werden kann. Das alles wird dadurch differenziert, daß wir auch noch konfessionelle Parteien hervorgebracht haben. Lauter Dinge, die die Antike nicht kannte. Sie kannte zwar Gegensätze zwischen reich und arm, aber nicht jene Palette unterschiedlicher Zielsetzungen, die in unsern Parteien kombiniert sind. Folglich war ihre Kapazität zum Austrag politischer Gegensätze begrenzt. Ein Wechsel der politischen Richtung setzte zumeist einen Verfassungswechsel voraus. In diesem Zusammenhang konnte der Gegensatz zwischen Demokratie und Oligarchie beherrschend werden. Neben den Parteien sind bei uns Interessenverbände wirksam, die dann ihrerseits durch Lobbytätigkeit etc. die Politik beeinflussen; und zusätzlich gibt es in der breiten Bürgerschaft Meinungs- und Willensbildungsprozesse, die keineswegs gleichgültig sind, auf die die Politik Rücksicht zu nehmen hat.

So ist es grundsätzlich möglich, daß einerseits unendlich viele Themen der verschiedensten Art Gegenstand von Politik werden und daß auf der anderen Seite die Bürger an dieser Stelle mitsprechen können. Insoweit bleibt das Politische im Staat konzentriert.

Das Problem ist, wie weit man die Dinge, die uns beschäftigen, die gleichsam anstehen, noch zum Gegenstand von Politik machen kann. Einerseits von politischen Entscheidungen, andererseits aber auch von Beteiligung der Bürger daran. Und hier kommt etwas ins Spiel, was in meinen Erörterungen keine Rolle gespielt hat, was vor allem auch bei den Griechen keine Rolle spielte, daß wir nämlich prozessual, in Form von Prozessen, die aus Nebenwirkungen unseres Handelns entstehen, immer mehr Veränderungen herbeiführen, ohne es unbedingt zu wollen, und daß diesen Änderungen gegenüber die überkommenen Parteien und wahrscheinlich sogar die überkommenen Möglichkeiten zu Meinungs- und Willensbildungsprozessen mindestens einstweilen überfordert sind. Denn für viele Dinge – ob es nun die Gentechnologie oder die Reform ist, die eventuell der Sozialstaat notwendig hat – lassen sich keine Mehrheiten mehr zusammenbringen, weil sich hier zu vieles prozessual verändert und gleichzeitig die politischen Entscheidungsmöglichkeiten zurückbleiben.

Wie will man eine gründliche Reform des Sozialstaats durch Volksparteien bewirken, die beide darauf bauen müssen, daß sie von den Begünstigten gewählt werden? Damit schrumpfen die Möglichkeiten des Staates und der auf den Staat bezogenen Politik; überstaatliche Organisationen können, was hier ausfällt, nur zum Teil ersetzen. Internationale Netzwerke und indirekte Gewalten (zu denen auch vielerlei Prozesse gehören, die wir unwillentlich und oft auch unbewußt vorantreiben), tragen das ihre zur Erweiterung des politischen Feldes bei. Mit dem Schwinden der Entscheidbarkeit zahlreicher virulenter Probleme ist das Problem des Politischen heute wohl am besten bezeichnet. Die Problematik hat sich erheblich gegenüber der verschoben, die Carl Schmitt vor einem Dreivierteljahrhundert diagnostizierte. Aber die Kategorie des Politischen, mit der er darauf antwortete, ist geeignet, auch der aktuellen Lage analytisch beizukommen.

Ein langer Weg also von der griechischen „Erfindung" des Politischen über das Politische der neuzeitlichen Staatenwelt bis in die Postmoderne. Aber, wie ich meine, nicht ohne Interesse.

DIE ERFINDUNG DER STUNDE

GERHARD DOHRN-VAN ROSSUM

Der Vortrag ist angesetzt auf einen Sonntagvormittag um 11 Uhr an einem bestimmten Ort – keine sehr präzise, aber eine hinreichend präzise Zeitangabe für einen Vortrag am Sonntagvormittag. Sie ermöglicht die Zusammenkunft von Interessierten aus verschiedenen, räumlich oft weit entfernten Lebenskreisen. Die Teilnehmer haben die verschiedensten alltäglichen Verrichtungen und Verpflichtungen hinter sich, haben sich unter Berücksichtigung der Transportzeiten zu einer bestimmten Stunde zusammengefunden. Sie erwarten, dass die Veranstaltung ungefähr eine Stunde lang dauert und dass sie anschließend wieder ganz andere Termine wahrnehmen, sich in ganz verschiedene Strukturen zeitlicher Koordination begeben werden. Ohne die für uns selbstverständlichen Uhrzeiten, ohne das ebenso selbstverständliche abstrakte Zeitgitter einer verbindlichen Stundenrechnung wären solche Zeitorganisationsleistungen ganz undenkbar.

Die Teilung des Tages in Stunden ist eine künstliche Form der Zeitgliederung, und die moderne Stundenrechnung im alltäglichen Gebrauch ist erst vor etwas über 600 Jahren in Gebrauch gekommen und danach sehr allmählich zu einer Selbstverständlichkeit geworden.

Unter jeweils bestimmten Voraussetzungen wären andere, weniger präzise Formen der Terminierung einer Vortragsveranstaltung möglich und zweckentsprechend. Eine Einladung „kurz vor dem Mittagessen" setzt nur voraus, dass in einer sozialen Gemeinschaft das Mittagessen üblicherweise etwa zur selben Zeit eingenommen wird und dass die Dauer eines Vortrags oder einer Predigt auch ohne besondere Befristungen in etwa geläufig ist, Eine Einladung „kurz vor dem Sonnenhöchststand" bedeutet das Gleiche, setzt im Alltag keineswegs astronomische Beobachtung voraus, ist vielmehr in uhrenlosen Gesellschaften eine erfahrungsgesättigte und wetterunabhängige Zeitangabe. Verabredungen „nach dem Hauptgottesdienst" setzen voraus, dass dieser Gottesdienst den Tag für eine Gemeinschaft strukturiert, und dass auch die, die nicht daran teilnehmen, das Ende des Gottesdienstes immerhin wahrnehmen können.

In vormodernen Stadtgesellschaften sind Veranstaltungen hoher Bedeutung oder Verbindlichkeit wie Gottesdienste, Märkte und Toröffnungszeiten durch Signale, meist durch Glocken angezeigt worden. Auch einzelne städtische Einrichtungen wie Gerichte, Schulen, Universitäten, Pfarrkirchen und Klöster riefen durch Glockensignale ihr Publikum zusammen und hielten die städtische Öffentlichkeit über die Rhythmen ihrer Aktivitäten auf dem Laufenden. Jedes einzelne Glockensignal konnte durch Variation von Schlagzahl und Schlagrhythmus eine Mehrzahl von Botschaften senden. Mithilfe der Signale der großen städtischen Institutionen ließ sich der Betrieb kleinerer oder räumlich begrenzterer Einrichtungen wie bestimmter Handwerksbetriebe, Baustellen oder spezieller Märkte, etwa der Fischmärkte, zeitlich regulieren. Ohne Zeitmessung und ohne das abstrakte Zeitgitter der Stundengliederung haben komplexe städtische Zeitordnungen über Jahrhunderte funktioniert.

Die signalgesteuerten vormodernen städtischen Zeitordnungen ließen sich jedoch nicht beliebig differenzieren. Sie konnten nur soziale Räume organisieren, deren Größe die Reichweite der Signale nicht überstieg. Da jedes Signal, vor allem aber akustische Signale, eine bestimmte Dauer haben bzw. Zeit brauchen, ließen sie sich auch nicht beliebig vermehren. Ihre Reihenfolge war teilweise durch den natürlichen Lichttag vorgegeben, teilweise war sie Ausdruck einer Rangfolge. Der Gottesdienst ging der Ratssitzung und dem Markt nicht nur zeitlich voran. Solche damals selbstverständlichen Wertehierarchien wurden auch dadurch betont, dass Gleichzeitigkeiten schlicht verboten wurden. Während des städtischen Hauptgottesdienstes blieben z. B. Wirtshäuser und Stadttore vielfach geschlossen und Wagenverkehr verboten. Auch spezielle Signalvorschriften und die Dimensionierungen der Geläute drückten diese Wertehierarchien als Zeitvorschriften aus, Pfarrkirchen durften z. B. nicht vor der Bischofskirche – und natürlich auch nicht lauter – läuten. Signalgesteuerte städtische Zeitordnungen gliederten also den natürlichen Tag der Stadtbürger als konsekutive Ordnung, als Ordnung des Nacheinander in einem umgrenzten Raum.

Die Entwicklung der mechanischen Uhren, insbesondere der stundenschlagenden Turmuhren seit der Mitte des 14. Jahrhunderts ermöglichte die Verwendung der abstrakten Stunden zur Tagesteilung im bürgerlichen Gebrauch. Erst jetzt wurde die Emanzipation von den Beschränkungen der hergebrachten und die Entwicklung neuartiger Ordnungen der Tageszeit möglich und in einem teils erstaunlich rasch, teils sehr langfristig verlaufenden Prozess zu einer unumkehrbaren Selbstverständlichkeit. Die geläufige Rede vom modernen Terror der Uhrzeit, vom unerträglich gewordenen Stunden- oder Minutentakt impliziert, dass es vormoderne, weniger abstrakte, vielleicht menschengerechtere Formen der Zeitordnung gegeben hat. Sie legt die Betrachtung des Weges in die industriegesellschaftliche Moderne als einem Weg der Entfremdung von natürlichen Rhythmen nahe. Um die Berechtigung dieser Kritik der Uhrzeit und der modernen Stundenrechnung zu prüfen, ist also nach der Erfindung der Stunde, nach ihren vormodernen Formen und nach deren sozialem Gebrauch zu fragen.

Wie viele kalendarische Konventionen sind Stundenteilungen „Erfindungen" nicht im Sinne genialischer Einfälle, sondern als nicht vorgegebenes Menschenwerk, eben als Konventionen, die in gewissem Umfang auch zur Disposition stehen. Herodot berichtet im 5. Jh. v. Chr., dass die Griechen die Sonnenuhren und die Zwölfteilung des Tages in Stunden von den Babyloniern übernommen hätten. Plinius berichtet im 1. Jh. n. Chr., dass der Tag der Römer zur Zeit der Zwölftafelgesetze (um 450 v. Chr.) noch ungeteilt gewesen sei und von den über ein Jahrhundert währenden Schwierigkeiten der Römer, eine in Sizilien erbeutete Sonnenuhr auf die geographische Breite Roms einzurichten.

Der Kirchenlehrer Beda (8. Jh.) spricht von den drei Arten der Zeitrechnung: der nach der gottgeschaffenen Natur (Sonnenjahr, Mondmonat), der nach menschlicher Gewohnheit (z. B. Monat zu 30 Tagen) und der nach autoritärer Setzung entweder durch das göttliche Gesetz (7-Tage-Woche) oder durch politische Autoritäten (Olympiaden, Indiktionen, Tageseilung in vier Abschnitte). Dass Zeitgliederung teils von natürlichen Rhythmen, teils durch religiöse Gebote, teils aber auch durch historische menschliche Satzung bestimmt wird und mithin teilweise auch durch politische Entscheidung geändert werden kann, ist also seit langem bekannt.

ANTIKE STUNDEN

Die Geschichte der Stundenrechnung beginnt, soweit wir wissen, in Vorderasien und im Niltal etwa in der Mitte des 3. Jahrtausends v. Chr. Schon damals wurden zwei Systeme der Tageseilung benutzt. Nach dem einen, zuerst in Ägypten belegten, aber der babylonischen Astronomie entlehnten System, wird der Tag und die

Nacht von Sonnenauf- bis Sonnenuntergang in je zwölf Stunden geteilt. Die Länge der ägyptischen Stunden wechselte mit der Jahreszeit. Von der Winter- bis zur Sommersonnenwende wurden die Tagesstunden täglich etwas länger – die Nachstunden entsprechend etwas kürzer –, um danach wieder abzunehmen. Nur zweimal im Jahr, an den Äquinoktien im Frühjahr und im Herbst, waren die Tages- und die Nachtstunden gleich lang. Bei der Rechnung mit den ungleichen Stunden wechselt also die Dauer und die zeitliche Lage der Stunden mit dem Jahreslauf, nur die „sechste Stunde" bezeichnet immer den Mittag. Man bezeichnet diese Stunden als Temporalstunden, als ungleiche Stunden, in der islamischen Welt als „krumme Stunden", englisch als „seasonal hours".

Die Tag- und Nachtunterschiede nehmen mit der geographischen Breite zu bzw. ab. Umgerechnet in die – damals unbekannten – Stundenminuten verhielt sich die längste zur kürzesten Tagesstunde in Oberägypten wie 67:53, in Rom wie 76:44, in Süddeutschland wie 80:40, in Nordengland wie 90:30. Die ägyptische Teilung in je zwölf unter sich gleichlange, aber jahreszeitlich wechselnde Tages- und Nachtstunden breitete sich seit der Zeit Alexanders des Großen (um 330 v. Chr.) nach Westen aus und wurde Bestandteil der griechisch-römischen Zivilisation.

Etwa zur gleichen Zeit taucht in China die Teilung des Volltages in zwölf Doppelstunden auf, die allem Anschein nach auch aus der babylonischen Kultur übernommen worden ist. Auch die gleich langen Stunden waren dem europäischen Westen seit der Antike bekannt, blieben aber exklusiv dem Gebrauch der gelehrten Astronomie vorbehalten.

Im Alltag spielte die vollständige 12er-Reihe der Tagesstunden eine geringe Rolle. An einer Unterteilung der Nacht bestand – sieht man von der Einteilung der militärischen Wachen ab – kaum Interesse. Nur die Juristen kannten den mitternächtlichen Datumswechsel. Die Nacht wurde eher als eine ungeteilte, von schädlichen Elementen und Dämonen beherrschte, auf jeden Fall aber als zu fürchtende Zeit empfunden.

KANONISCHE HOREN

Die christliche Kirche hat in der Spätantike die römische Zwölfteilung des Tages und der Nacht natürlich übernommen und sie zum zeitlichen Gerüst für die Einteilung und Benennung der Gebetsstunden gemacht. Das lag nahe, da im

Neuen Testament mit wenigen Ausnahmen nur die dritte, die sechste und die neunte Tagesstunde und der Sonnenauf- und -untergang als Tageszeitangaben benutzt werden. Für die Passionsgeschichte ist das besonders augenfällig: Frühmorgens beraten die Hohen Priester; die Kreuzigung fällt auf die dritte Stunde; von der sechsten bis zur neunten dauert die Finsternis; am Ende der neunten Stunde stirbt Jesus und wird am Ende des Lichttags ins Grab gelegt.

Zusammen mit dem Sonnenauf- und -untergang ergaben sich daraus schon in der frühen Kirche sieben an die Passion erinnernde Gebetszeiten, die dem Psalmwort „Siebenmal am Tag singe ich dein Lob" (8. Ps. 118, 164) entsprachen. Als vorgeschriebene Gebetssequenz wurden Matutin, Prim, Terz, Sext, Non, Vesper, Komplet auch als kanonische Stunden („horae canonicae", Horen) bezeichnet. Die ungefähre zeitliche Lage dieser Gebetsstunden entsprach der Gliederung des Lichttages. Die Matutin lag am Sonnenaufgang, die Komplet fiel etwa mit dem Sonnenuntergang zusammen, die Sext bezeichnete stets den Mittag. Für den bürgerlichen Gebrauch auch des Mittelalters sind allerdings nur die Gebetszeiten wichtig geworden, die den Vierteln des Lichttages zugeordnet waren: Prim, Terz, Sext, Non, Vesper.

Während des Mittelalters verschob sich die Lage der Horen gegen die gezählten Tagesstunden: Die Sext verschwand aus dem bürgerlichen Gebrauch und die Non rückte in die Mittagszeit zurück. Das englische „High noon" bezeichnet daher heute nicht die neunte Stunde, sondern den Sonnenhöchststand. Die Verwendung gleich langer Stunden blieb auch im Mittelalter auf den Bereich der Astronomie beschränkt. Nur selten werden solche Stunden erwähnt z.B. im biblischen Gleichnis von den Arbeitern im Weinberg, deren Letzter erst um die elfte Stunde gedingt wird und dennoch zur Empörung der Kollegen den vollen Tagelohn erhält (Matth. 20, 6–12).

Die antike Stundenrechnung teilte willkürlich in 12 Stunden, berücksichtigte aber den natürlichen Hell-Dunkel-Wechsel bei den Wendepunkten ihrer doppelten Reihe und den Sonnenhöchststand am Ende der Sext. Die christlichen Horen berücksichtigten ebenfalls den naturalen Rahmen, verliehen ihm aber durch den symbolischen Bezug zur Passion und gelegentlich auch zu den sechs Tagen der Schöpfung zusätzliche religiöse Bedeutung. Die Teilung der Zeit des Tages und ihr Nachvollzug in Gebet und Liturgie war Abbild der Zeit des Lebens und der Zeit der Welt. In der theologischen Exegese war die Verbindung der Tagesstunden mit den menschlichen Lebensaltern seit Gregor dem Großen († 604) geläufig.

Ein erst 1957 freigelegtes romanisches Freskenfragment in der Kirche der Benediktinerabtei St. Peter in Salzburg aus der Mitte des 12. Jahrhunderts

Salzburg, Kirche der
Erzabtei St. Peter,
Wandmalerei (um 1140)

zeigt – für die mittelalterliche Kunst überraschend – eine personifizierte Stunde
bzw. Hore. Eine hell gekleidete weibliche Figur tritt aus einer Tür, deren Tür-
stock die Inschrift „HORA TERTIA" trägt. Die ungewöhnliche Ikonographie
dieses Fragments wird verständlich und die fehlenden Teile lassen sich ergänzen
aus den Miniaturen eines an der Wende vom 12. zum 13. Jahrhundert entstandenen Andachtsbuches, das sich heute in der österreichischen Nationalbiblio-
thek in Wien befindet. Jeweils eine Szene aus dem Alten und Neuen Testament
hat im oberen Rahmen eine Rosette mit einer kanonischen Stundenangabe
und im unteren Rahmen ein kleines gerahmtes Bild, das ein Lebensalter
darstellt. So ergeben sich drei über die Blätter fortlaufende Register mit fünf
kanonischen Stunden, darunter fünf Szenen um Figuren aus der Heiligen Schrift
(Adam, Noah, Abraham, Moses, Christus) und darunter Bilder für die fünf

DIE ERFINDUNG DER STUNDE

Lebensalter (infantia, adolescentia, iuventus, senectus, etas decrepita). Die vor allem für das klösterliche Stundengebet wichtigen Gebetshoren Matutin und Vesper bleiben unberücksichtigt. Die Stunden des Tages verweisen typologisch auf die Passion Christi und die Lebensalter des Menschen und darüber hinaus auf die christlich verstandene Welt- und Heilsgeschichte. Am Baptisterium der Kathedrale von Parma setzt ein etwa gleichzeitiges Relief des Benedetto Antelami an einem Torpfosten den Tageslauf nach dem Weinberggleichnis in Beziehung zum Lauf des menschlichen Lebens und zur irdischen Geschichte der Menschheit vor dem Jüngsten Gericht.

STUNDENSCHLAGENDE UHREN

Kurz vor der Wende zum 14. Jahrhundert wird in Europa die mechanische Uhrwerkhemmung entwickelt, und etwa ein Menschenalter später lesen wir zuerst von den regelmäßigen Zeitsignalen städtischer Turmuhren. Eine Mailänder Chronik berichtet zum Jahre 1336 von einer „wunderbaren Uhr" auf dem Turm von San Gottardo, die die 24 Stunden des Tages und der Nacht nach ihrer Zählzahl auf eine große Glocke schlüge, dergestalt, dass in der ersten Stunde einmal, in der zweiten zweimal, in der dritten dreimal und so fort geschlagen würde. Die Unterscheidung der einzelnen Stunden sei für Menschen aller Stände von großer Wichtigkeit.

Das automatische Stundenschlagwerk und die neue abstrakte Zählung nach den gleich langen Stunden war eine viel beachtete technische und soziale Innovation. Dieses Schlagwerk ist ein mit dem Uhrwerk durch einen Auslösehebel verbundener, eher noch komplizierterer Mechanismus mit Zahnradübersetzungen und geschwindigkeitsregulierenden Windflügeln, an dem sich mittels einer Steuerscheibe, der so genannten Schlossscheibe, eine beliebige Läutsequenz durch Kerben programmieren lässt. Es machte, wie die Zeitgenossen voller Staunen feststellten, die schwere Arbeit der Glöckner „von selbst", „ohne menschliche Arbeit", „scheinbar belebt". Erst diese Uhrwerke, „die sich selber schlugen", wurden anders als die unbeachtet gebliebene Entwicklung der Uhrwerkhemmung als eine großartige neue Erfindung gefeiert. Bewunderung ist noch bei der Beschreibung der ersten Turmuhr in Moskau im Jahre 1404 spürbar: „Dieser Stundenzeiger heißt Stunden-Messer; zu jeder Stunde schlägt ein

Hammer auf eine Glocke, zählend und messend die Stunden des Tages und der Nacht … Niemand schlägt sie, es ist vielmehr wunderbar und merkwürdig anzusehen, wie etwas sich von selbst bewegt und erklingt durch menschliche Fertigkeit mit großer Erfindungsgabe und Schlauheit."

Die stundenschlagenden Uhren waren die ersten von Europäern gebauten Automaten.

GLEICH LANGE STUNDEN

Weil die neue Schlagwerktechnik sich praktisch nicht auf ständig wechselnden ungleichen Stunden einrichten ließ, war der Übergang zu den gleich langen Stunden im stadtöffentlichen Leben möglich und auf lange Sicht unvermeidlich geworden. Die gleich lange Stunde wurde verstanden als der vierundzwanzigste Teil des Volltages. Eine Stunde zu sechzig Minuten war dagegen damals eine nur den Astronomen bekannte theoretische Größe. Der Gebrauch der modernen, gleich langen Stunden – das hat die Auswertung zahlloser Tageszeitangaben ergeben – folgte der Verbreitung der stundenschlagenden Turmuhren in Europa dann gleichzeitig; häufig folgten dem neuen Gerät die neuen Zeitangaben (Uhrstunden, „horae horologii") unmittelbar.

Um 1400 hatten fast alle europäischen Städte eine öffentliche Uhr, und ein anonymer englischer Predigermönch konnte feststellen, dass die Menschen in den Städten sich mithilfe der Uhren „selbst regierten". Der Übergang zum allgemeinen Gebrauch der gleich langen Stunden war dagegen ein eher langfristiger Prozess. Das Oktoberbild des von flämischen Künstlern illustrierten Breviarium Grimani hebt durch intensive Farbgebung die öffentliche Uhr aus dem Grau-Blau der städtischen Türme und Mauern hervor. Das städtische Leben nach den Uhrstunden wurde seitdem von dem des agrarischen Umlands unterschieden.

*Breviarium Grimani
(Anfang des. 16. Jh.).
Venedig, Biblioteca
Marciana,
Ms. lat. XI 67, f 10v*

VERSCHIEDENE FORMEN DER MODERNEN STUNDENRECHNUNG

Dieser Übergang war nicht abrupt, sondern allmählich, und die verschiedenen damals gebräuchlichen Formen der modernen Stundenrechnung erinnern an verschiedene Intensitätsgrade oder Stufen einer „Denaturalisierung".

Weil es keine Vorbilder oder Traditionen gab, müsste über die Form der Stundenzählung entschieden worden sein. Solche Entscheidungen machen wie alle Kalenderreformen, Debatten um Jahrtausendwenden und die jährlich zweimal stattfindenden Erörterungen über die Sommer-/Winterzeit die willkürliche, im Zweifel politisch zu strukturierende Form der Zeiteinteilung bewusst. Ob und wie ausdrücklich damals solche Debatten geführt und entschieden

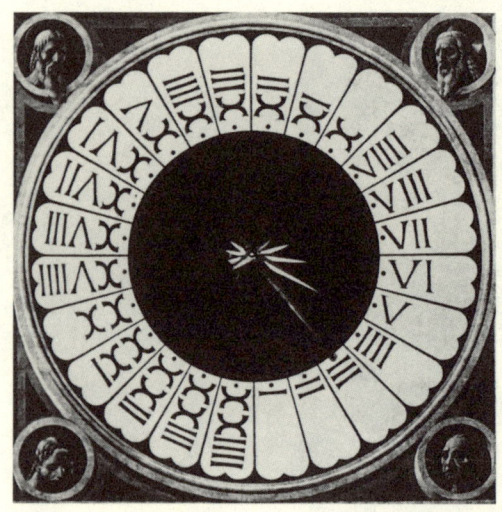

*Florenz, Dom, Innenseite der
Fassade, Fresko von Paolo
Ucello (1443)*

worden sind, wissen wir leider nicht. Wir sehen aber, dass man zunächst
versuchte an die alten naturnahen Formen möglichst anzuknüpfen.

Die wohl älteste Form der modernen Stundenteilung war die so genannte „Italienische Uhr"/„Ganze Uhr"/„Ganzer Zeiger", die die erste von
24 durchgezählten Stunden am Abend, etwa eine halbe Stunde nach Sonnenuntergang beginnen lässt. Hier folgt wenigstens die Tagesepoche, nicht jedoch
der Datumswechsel, dem Jahreslauf bzw. der Helligkeit. Ihre Verbreitung
von Italien nach Böhmen, Schlesien und zeitweise auch in Polen, auch kurz
in Österreich zeigen den Weg der Diffusion der öffentlichen Uhren. Der
Nachteil dieser Regelung war, dass ständig mithilfe von Tabellen, also mithilfe
von Sachverständigen nachkorrigiert werden musste. Überdies brauchten
24 geschlagene Stunden sehr lange Seile für die Gegengewichte, die aufge-
zogen und gewartet werden mussten. Schon früh setzten daher Versuche ein,
die italienische Form der Stundenzählung mit vereinfachten Schlagsequenzen
zu verbinden. In manchen Landstädten Italiens sieht man heute noch Ziffer-
blätter, die den Tag „alla Romana" in 4 x 6 Stunden teilen. Das von Paolo
Ucello für den Innenraum des Fiorentiner Doms 1443 neu gestaltete Ziffer-
blatt zeigt, dass auch über den Uhrzeigersinn noch nicht endgültig entschieden war.

Auch die „Nürnberger oder Große Uhr" knüpfte an den Lichttag an, behielt aber die Trennung der Tag- und Nachtstunden bei, indem sie den Tag bzw. die Nacht etwa alle drei Wochen um je eine Stunde verlängerte oder verkürzte. Der längste Sommertag hatte 16, der kürzeste acht Stunden. Auch hier waren stets Tafelwerke bzw. Expertenhilfe erforderlich. Die Nürnberger Uhr hatte auch im Nürnberger Raum nie ausschließliche Gültigkeit und konnte sich auch nur in den Städten durchsetzen.

Von begrenzter örtlicher Bedeutung war die „Basler Uhr". Wie von Reisenden häufig verwundert registriert, schlugen die Uhren in Basel mittags nach der beginnenden Stunde „eins" statt wie überall üblich nach der abgelaufenen Stunde „zwölf". Die Ursprünge dieser Schlagfolge, die erneut die offene Situation zu Beginn des 14. Jahrhunderts beleuchtet, sind undeutlich. Am Ende des 18. Jahrhunderts versuchten Gelehrte und Kaufleute den Stundenschlag in Basel gegen den Widerstand der Handwerker an europäische Gebräuche anzupassen, aber das Ende dieses Sonderwegs kam in Basel wie in Italien erst mit der Französischen Revolution bzw. den napoleonischen Armeen. Der Gebrauch der Nürnberger Uhr schlief in der gleichen Zeit ohne besondere politische Gründe einfach ein.

Die uns vertraute Form der Stundenzählung, vom Mittag und von Mitternacht an zweimal bis zwölf zu zählen, hieß in der alten Welt „kleine" oder „halbe Uhr", aus italienischer Perspektive „orologio oltramontano". Vom alten System behält sie nur die doppelte Reihe der zwölf Stunden bei. Der Lichttag spielt keine Rolle mehr. Hinsichtlich der naturalen Umgebungsbedingungen ist sie die abstrakteste Teilungsform, allerdings mit der alltagsfremden Halbierung des Tages. Ludovico Guicciardini weist (1507) im Bericht über seine Reise durch die nordwesteuropäischen Länder auf den vielleicht entscheidenden Vorteil dieser Form der Stundenzählung hin: Sie ist die technisch eleganteste Lösung, weil man die Uhren (theoretisch nie) praktisch nur einmal am Tag ohne irgendwelche Tabellen, nur mithilfe einer primitiven Sonnenuhr zu stellen brauchte.

Wegen der Langsamkeit aller Kommunikation störte das Nebeneinander der verschiedenen Stundenzählungen niemanden; nur Reisende registrierten es gelegentlich verwundert. Die Ungleichzeitigkeit der städtischen Zeitordnungen fand allerdings das Interesse Kaiser Karls V., der sich für sein Reich, in dem „die Sonne nicht unterging", zwar noch keine Weltzeituhr, für dessen östlichen Teil aber eine Uhr bauen ließ, die „die Stunden nach der flandrischen und nach der italienischen Weise zeigte".

Die heute geläufige Form, von Mitternacht an 24 Stunden durchzuzählen, taucht im Mittelalter ganz vereinzelt bei astronomischen Zeitangaben auf. Vor der Entfaltung der modernen Verkehrssysteme spielt sie praktisch keine Rolle.

STUNDENGLÄSER

Gleichzeitig mit den mechanischen Uhren tauchen am Beginn des 14. Jahrhunderts die Sanduhren, die von Anfang an Stundengläser genannt wurden, auf. Das gleichzeitige Auftreten beider Geräte ist unmittelbar verständlich, denn auch Sanduhren bemessen und teilen gleich lange Fristen: Stunden, Vielzahlen von Stunden oder Teile von Stunden. Sanduhren waren damals hochmoderne, zuverlässige, geräuschlose und vergleichsweise preiswerte Zeitmessgeräte, ohne die die Durchsetzung der modernen Stunden kaum denkbar wäre. Erst später sind sie in der bildenden Kunst zu Symbolen der langsam verrinnenden Zeit und der Vergänglichkeit geworden.

ZEIT DER STÄDTE

Chronisten und Notare haben zuerst die neue Stundenzählung für ihre Aufzeichnungen benutzt. Sie datierten gelegentlich demonstrativ, z. B. „in der achten Uhrstunde", nennen zuweilen auch den Standort der neuen öffentlichen Uhr. Ein bekanntes Beispiel für das plötzliche Auftreten moderner Stundenangaben innerhalb eines Textes sind die Chroniken des Jean Froissart aus der Zeit des Hundertjähriges Kriegs. Sobald aber der Neuigkeitswert der Uhr nachgelassen hatte, kehrten Chronisten und Notare wieder zu traditionellen Formen der Tageszeitangabe, „um die Non", „zur Vesper", zurück.

Die Titelminiatur des Breslauer Codex dieser Chroniken zeigt die Froissart'sche, die moderne Auffassung vom Chronisten in der Stube des gelehrten Schreibers, der das historische Geschehen neuerdings nach der über ihm dargestellten Uhr-Zeit notiert.

*Breslauer Froissart
(um 1470).
Berlin, Staatsbibliothek,
SPK Bd. IV, f 1*

GREMIENZEIT

Dauerhaftere Spuren der neuen Stundenrechnung lassen sich in zahlreichen Ordnungen für städtische Rats- und Gerichtsgremien verfolgen. Die Stadtbürger hatten an vielen Orten politische Mitspracherechte erkämpft, aber zugleich hatte sich der politische und juristische Aufgabenbereich der städtischen Verwaltungen enorm ausgeweitet. Die hohe Ehre, als Handwerker in einem städtischen Gremium zu sitzen, hatte sich vielfach als eine immer zeitaufwendigere, meist unbezahlte Pflicht entpuppt. Die überwiegend mit Laien besetzten Gremien waren zu einer Belastung geworden, weil sie das Zeitbudget, aber auch die Disziplinbereitschaft von Leuten überforderten, die ihren Lebensunterhalt unabhängig von ihrer Gremientätigkeit verdienen mussten. Die Folge: Seit dem Spätmittelalter wurde die Sitzungsdisziplin städtischer Gremien immer schlechter. Zahlreiche neue Rats- und Gerichtsordnungen sehen seit dem Ende des 14. Jahrhunderts nicht nur Diäten vor, sondern präzisieren die Sitzungszeiten auch durch Uhrzeitangaben und setzen Geldstrafen für unpünktliches Erscheinen fest – Zuckerbrot und Peitsche.

Nach den Statuten begann der Rat also nicht mehr am frühen Morgen oder nach einem Gottesdienst und schloss nicht mehr vor dem Ende des Marktes oder mit der Mittagsglocke. Er tagte jetzt nach der Uhrzeit. Das waren zunächst nur Umformulierungen gewohnter Sitzungszeiten, die an der zeitlichen Lage und der wertbesetzten zeitlichen Abfolge solcher Ereignisse nichts änderten. Uhrzeitangaben boten dann aber auch die Möglichkeit, Beginn und Ende von Gremiensitzungen zeitlich von anderen städtischen Terminen zu entkoppeln und ihre Dauer nach Bedarf und ohne Rücksicht auf andere Termine zu variieren. Die Zeit des Rats oder Zeit der Schule konnte gegen die Zeit der Kirchen oder die Zeit der Märkte verschoben werden. Die zeitliche Abfolge konnte durch Gleichzeitigkeiten abgelöst werden. Zusätzlich ermöglichte die Uhrzeit bzw. die abstrakte Sequenz der Stundensignale, weil sie nicht an bestimmte Vollzüge und allmählich auch nicht mehr an bestimmte Signalgeber wie die Stadtuhr auf der Hauptkirche oder dem Rathaus gebunden war, beliebig komplexe und fast beliebig weiträumige Zeitkoordination. Damit ging natürlich – wenn auch unbemerkt – der Zusammenhang von Rang und zeitlicher Abfolge verloren.

Zur Sicherung der Pünktlichkeit waren Uhrzeiten weniger gut geeignet, weil die Sitzungen natürlich nicht genau mit dem Schlag der Uhrglocke begannen und kleinere Zeiteinheiten vorerst nur selten angezeigt wurden. Daher wendete man bei Sitzungsbeginn ein „Viertelstundenglas", nach dessen Ablauf Diätenkürzungen oder Geldstrafen fällig wurden. Diese Form der uhrzeitunabhängigen, aber dennoch abstrakten und objektiven Pünktlichkeitskontrolle wurde in zahlreichen Gremien – in Universitäten z.B. als akademisches Viertel – bis zum Ende des 18. Jahrhunderts bzw. bis zur Verbreitung privater Uhren, die auch Minutenzeiger hatten, beibehalten.

SCHULSTUNDEN

Zeitdruck ist bei humanistischen Autoren seit dem ausgehenden 14. Jahrhundert zu einem Dauerthema geworden. Gerade im Kontext von Erziehung, Lernen und Studieren häufen sich bei Petrus Paulus Vergerius, Battista Guarino und Leon Battista Alberti Mahnungen und Ratschläge, mit der eigenen Zeit, verstanden als Tageszeit wie Lebenszeit, hauszuhalten, Zeitverschwendung zu vermeiden und über die Zeitverwendung ständig Rechenschaft abzulegen. Sachlich ging es nicht nur um Interesse und Neugier an neuen Texten, sondern auch um die Ausbildung rhetorischer und literarischer Fähigkeiten und um die Pflege von Musik und Leibesübungen. Nach den Vorschlägen dieser Autoren war dem Zeitdruck nur durch Ordnung, Methode und Planung zu begegnen.

Ausbildung und Selbstbildung hatten so Zeitknappheit, als im Hinblick auf vermehrte Handlungsoptionen verengten Entscheidungsspielraum, zu einem prominenten Thema gemacht. An Anspielungen auf die Flüchtigkeit der Lebenszeit fehlt es zwar nicht, aber die konkreten Probleme waren zeitorganisatorischer Art. Die vorgeschlagenen Lösungen laufen vielfach auf stundenplanähnliche Arrangements hinaus: die Stunden der Arbeit und der Lektüre sorgfältig einzuteilen, zeitliche Zwischenräume zu meiden bzw. zu nutzen, Autoren oder Themen bestimmte Stunden zuzuweisen und sich über deren Einhaltung Rechenschaft zu geben. Die Vermehrung der Fächer und die Trennung der Schüler nach Altersstufen und Geschlecht führten dann sehr bald zur Entwicklung moderner Stundenpläne. In diesem Milieu tauchen vor allem Sanduhren als Mittel zur Befristung und zur Selbstkontrolle auf.

Statutenhandschrift
des Collegium
Sapientiae
(um 1500).
Freiburg,
Universitätsbibliothek
Coll. Sap. 2a, f 39r

Die Abbildung aus der um 1500 entstandenen Statutenhandschrift des Collegium Sapientiae in Freiburg i. Br. zeigt eine übergroße Sanduhr als Gerät zur Befristung der sonntäglichen Disputation, von der es ausdrücklich heißt, sie solle eine volle Stunde dauern.

PREDIGTSTUNDEN

Zwischen dem 16. und 18. Jahrhundert sind in hunderten von Kirchenordnungen, zunächst nur in protestantischen, dann auch in katholischen, nicht nur die Zeiten der fest- und werktäglichen Gottesdienste, sondern auch die der Taufen, Hochzeiten, Beerdigungen und der Schul- und Katechismusstunden genau und detailfreudig geregelt worden. Soweit die Kirchenordnungen zugleich landesherrliche Polizeiordnungen waren, enthielten sie darüber hinaus noch eine Fülle zeitlicher Regelungen des städtischen Lebens, etwa über den Torschluss, die Öffnungszeiten der Wirtshäuser u. a. m. Hier lässt sich verfolgen, dass seit dem Beginn des 16. Jahrhunderts abstrakte Befristungstechniken auch auf den Kanzeln üblich oder vorgeschrieben wurden. Luther hat die Stunde als ein vernünftiges Maß der Predigt empfohlen, und aus seinen Tischreden ist der Ausspruch überliefert: „Lange predigen ist kein kunst, aber recht und wol predigen, lehren, hoc opus, hic labor est." Inhalt und Aufbau sollten wichtiger sein als die Dauer.

An den zahlreichen Predigtbefristungsvorschriften der nachreformatorischen Zeit fällt die Vielfalt der Begründungen auf. Den Predigern sollte – meist gegen ihren Willen – eine Frist nicht nur aus didaktischen oder theologischen Gründen gesetzt werden, sondern auch, weil andernfalls die Leute von ihrer Erwerbsarbeit, von ihrem Herrendienst, ihren politischen Pflichten abgehalten würden. Die Schwangeren sollten nicht beschwert und Heizkosten für die Kirche gespart werden. Befristung sollte die Prediger auch von allen unnützen Tautologien, Historien, Kontroversen und Streitpunkten fern halten, Exempel und Zitate in fremden Sprachen vermieden werden. Jeden einzelnen dieser vielfältigen Zwecke hätte man auch mit anderen Mitteln sicher wirksamer verfolgen können. Durch abstrakte Befristung ließen sich alle zugleich und in einer für Prediger und Zuhörer leicht zu kontrollierenden Form erreichen.

Ein Einblattdruck der Reformationszeit mit einem Text von Hans Sachs *Der Inhalt zweierley predig* (1529) zeigt die Sprecher „Gottes des Herrn" und

Hans Sachs „Inhalt zweierlei Predigt"; Holzschnitt von Georg Pencz
(Nürnberg 1529). Wien, Albertina

des „Papstes" nach allen Äußerlichkeiten und nach Zuhörerschaft in krasser Verschiedenheit. Dem protestantischen Prediger lauscht sein Publikum intensiv zuhörend und mitlesend; dem katholischen dagegen sitzen Rosenkränze drehend üppig gewandete, teilnahmslose Kirchenbesucher gegenüber. Hinsichtlich der Frist aber, in der sie um die Seelen der Gläubigen werben dürfen, herrscht durch Verwendung derselben Zeitmesstechnik Chancengleichheit. Beide Kanzeln sind mit Sanduhren ausgestattet.

ARBEITSZEIT UND STUNDENLOHN

Schon vor dem Auftauchen der mechanischen Uhren und der abstrakten Stundenfristen hatten sich die hergebrachten Vorschriften über den Beginn und das Ende der Arbeitszeit – das Wort „Arbeitszeit" gibt es erst seit Beginn des 19. Jahrhunderts – und über die Dauer der Pausen vielerorts als nicht konfliktfest erwiesen. Konflikte über die Arbeitszeit brachen nach den Bevölkerungs-verlusten der Großen Pest in der Mitte des 14. Jahrhunderts überall in Europa aus. Zwar war und blieb der Lichttag die Grundeinheit für alle Formen von Tagelohnarbeit und ihre Bezahlung, aber sein Beginn und sein Ende ließen einigen Interpretationsspielraum, der offenbar erst jetzt entdeckt wurde.

Für die meisten begann der Arbeitstag auf Befehl des Meisters in der Werkstatt, des Bauern auf dem Hof oder des Vorarbeiters auf der Baustelle. Für Tagelöhner blieb aber eine Reihe von Fragen offen. Muss die Arbeitsabsprache vor Sonnenaufgang erfolgen? Sollen die Zu- und Abgänge in der Dämmerung oder im Hellen erfolgen? Ist es hell, wenn man einen Mann auf der Straße er-kennt oder wenn die Sonne am Himmel steht? Ist, falls ein Glockenzeichen vor-geschrieben ist, dem Küster dieser oder jener Kirche auch zu trauen? Eine erste Reaktion auf die an solchen Fragen sich entzündenden Konflikte war die Ent-kopplung der Arbeitszeitvorschriften sowohl von den Grenzen des Lichttages wie von anderen Elementen der städtischen Zeitordnung. Überall da, wo in gro-ßem Umfang Tagelohnarbeit geleistet wurde (Textilindustrie, Baustellen, Wein-berge), installierte man besondere Werkglocken, die Tagesarbeitszeit und Pau-sen signalisierten.

Mit dem Auftauchen der öffentlichen Uhren wurden die Arbeitszeiten nach Uhrstunden angegeben und die Pausen vielfach mittels Sanduhren befris-tet. Dadurch änderte sich die Dauer der täglichen Arbeitszeit zwar nicht, aber ihre Kontrolle war objektiver und damit gerechter und konfliktfester geworden. Nur bei den Vorschriften über das Arbeitsende im Sommer lässt sich gelegent-lich eine Tendenz erkennen, das Arbeitsende vor den Sonnenuntergang zu legen. Damit entsteht in Ansätzen eine Zeit, die man später „Freizeit" nennen wird.

Die Dauer des Tagewerks schwankte mit den Jahreszeiten, im Norden mehr, im Süden weniger, und entsprechend schwankte auch der Lohn (Sommer-lohn – Winterlohn). Natürlich ließ sich das Tagewerk teilen; die Bezahlung von Tageshälften, seltener auch Tagesdritteln oder Vierteln war geläufig. Im Bereich der Textilarbeit zeigt sich nun im 14. Jahrhundert, dass die simplen Tagesteilun-gen nicht mehr ausreichten. An den spätmittelalterlichen Großbaustellen zeigen sich bedeutsame Auswirkungen der neuen Zeitmesstechnik für die Arbeits-zeitkontrolle und den Arbeitslohn. In Orvieto war seit 1364 eine besondere Uhr für die Dombaustelle in Betrieb, und ihr Wärter musste die geleistete Arbeits-zeit laufend registrieren. Auch an der 1387 eröffneten Dombaustelle in Mailand wurden Sanduhren zur Pausenkontrolle und mechanische Uhren zur Ermittlung der Schlechtwetterabzüge eingesetzt. Die laufende Uhrzeitkontrolle der Arbeitszeit diente nicht nur der Lohnberechnung, sondern auch der Ermittlung der Stück-kosten für das Sägen einzelner Marmorblöcke. Ganz vereinzelt wurden auch einzelne Arbeitsstunden bezahlt. Damit waren die Grenzen der im Spätmittelalter möglichen rechnerischen Abstraktion erreicht.

Zur ausdrücklichen Gleichsetzung von Zeit und Geld ist es noch nicht gekommen. Im 15. Jahrhundert taucht dann in Endres Tuchers *Nürnberger Baumeisterbuch* der Ausdruck „stuntgelt" als Bezahlung von Pausenarbeit oder strafweisem Lohnabzug auf. Auch die Abrechnungen englischer Großbaustellen der gleichen Zeit machen deutlich, dass der moderne Stundenlohn sprachlich und sachlich aus der Bezahlung durchgearbeiteter Pausen, das heißt sanduhrbefristeter „Stunden", oder Überstunden entstanden ist. Nicht übersehen werden sollte aber, dass alle Formen stundenweiser Bezahlung bis ins 19. Jahrhundert seltene Ausnahmen geblieben sind.

Mechanische Uhren und Sanduhren und der durch sie ermöglichte Gebrauch abstrakter Stunden haben schon im Spätmittelalter neue Möglichkeiten eröffnet, über Arbeitszeit zu verhandeln, sie konfliktfest zu regeln und in, wie man heute sagt, für beide Seiten transparenten Formen zu kontrollieren. Dass dies eine wesentliche Voraussetzung für alle Reformen der Arbeitszeitorganisation war, ist damals durchaus gesehen worden. Das zweite Buch von Thomas Morus' Bericht über die glückliche Insel „Utopia" ist am Anfang des 16. Jahrhunderts vermutlich in Antwerpen, einer der geschäftigsten Handelsstädte des spätmittelalterlichen Europa, entstanden. Darin heißt es, dass die Utopier den Tag und die Nacht in 24 gleich lange und durchgezählte Stunden teilten und nur sechs davon der Arbeit widmeten. Dies sei möglich, weil die gesellschaftlich notwendige Arbeit bei Heranziehung aller Müßiggänger in weit kürzerer Zeit als bisher erledigt werden könne. Morus, der englische Jurist und spätere Lordkanzler, verbindet seine Kritik am unbemessenen Arbeitstag mit deutlichen Hinweisen auf die damals noch nicht selbstverständliche Voraussetzung für die Neuorganisation der Arbeit: die moderne Stundenrechnung.

FAHRPLANZEIT

Seit dem 17. Jahrhundert waren nach Erfindung des Pendels als Zeitnormal bedeutende Fortschritte in der Zeitmesstechnik gemacht worden. Im 18. Jahrhundert gelang mit hochpräzisen Seechronometern die Bestimmung des Längengrads für die Hochseenavigation. Uhren mit Minuten- und Sekundenindikationen waren für Privatleute erschwinglich geworden. Der Umgang mit der Tageszeit bei der Bevölkerungsmehrheit hatte sich jedoch seit dem Spätmittelalter kaum verändert. Stunden und Stundenbruchteile bis herunter zur Viertelstunde genügten für alle täglichen Zeitordnungserfordernisse. Erst das Eisenbahnzeitalter bringt tief greifende Änderungen.

Trotz der zunächst noch sehr moderaten Verkehrsgeschwindigkeiten erweckte die Eisenbahn bei den Zeitgenossen sofort das Gefühl, der „Zug der Zeit", bzw. der „Zeitgeist" sei der sich unendlich beschleunigende Fortschritt in Wirtschaft und Technik. Erst in dieser Zeit der Fahrpläne erlernen Privatleute den Gebrauch von Minuten. Erst in dieser Zeit wird die Differenz der Ortszeiten zum Thema und zu einem praktischen Problem. Am Ende des 19. Jahrhunderts wird die Teilung des Globus in Stundenzeitzonen mit einer Breite von jeweils 15 Längengraden, die Distanz, über die die Sonne in einer Stunde hinwegzieht, zur internationalen Konvention. Seit dem Jahr 1893 richtet sich die mitteleuropäische Zeit nach dem Meridian von Görlitz. Wenn dort die Sonne am höchsten steht, ist es für Mitteleuropa 12 Uhr. Für die Gestaltung der Fahrpläne bot aber auch die doppelte Stundenreihe Anlass für Missverständnisse. Als erstes europäisches Land hatte Italien schon 1893 die 24-Stunden-Zählung für den Bahnbetrieb eingeführt. Für die Deutsche Reichsbahn, für die Post und für die Wehrmacht wurde sie erst im Jahr 1927 verbindlich.

Die Teilung des Tages in Stunden ist eine soziale Konvention und insofern Erfindung. Der Umgang mit der modernen Stundenteilung ist historisch nicht besonders alt. Der Weg von den antiken zu den modernen Stunden war ein Weg der Trennung der Tagesteilung von den natürlichen Umweltbedingungen und vom religiösen Verständnis des Tageslaufs, ein Weg zur technisch ermöglichten Abstraktion mit vielen und für uns unentbehrlichen zeitorganisatorischen Vorteilen. Die moderne Stunde ist für uns zu einer alltäglichen Selbstverständlichkeit geworden, nicht angeboren, sondern mühelos antrainiert. Wir denken über die Stundenteilung des Tages nur noch zweimal im Jahr nach, wenn uns beim Wechsel zwischen Winter- und Sommerzeit die Willkür dieser Einrichtung bewusst wird.

DIE ERFINDUNG DES LERNENS
KARLHEINZ A. GEISSLER

ZUR AKTUALITÄT DES THEMAS

Wenn's ums Lernen geht, kann man dieser Tage viel lernen. Besonders viel lässt sich nach dem 11. September 2001 lernen. Bis zu diesem Zeitpunkt haben wir das Lernen als jenes Mittel propagiert, das uns zu neuen Freiheiten, zu erhofften Wachstumsraten unserer Volkswirtschaft und zur Lösung unserer lästigen Alltagsprobleme verhilft. Das Lernen war bisher für uns die Schnellstraße zu einem quasi-paradiesischen Zustand, den wir neuerdings gerne mit dem Etikett der „Wissensgesellschaft" ausstatten. Dieses Denkgebäude ist in New York, zusammen mit zwei anderen Wolkenkratzern, eingestürzt. Jetzt müssen auch die lernen, die uns zum Lernen angetrieben haben. Jetzt weiß man, dass Lernen uns nicht notwendigerweise weiterbringt. Jetzt haben wir erfahren, dass das Lernen nicht nur Probleme löst, sondern diese auch schafft. Wer viel lernt, kann mit dem Gelernten auch vieles zerstören. Das ist eine der Lektionen, die es aus den furchtbaren Ereignissen in den USA zu begreifen gilt. Sie heißt: Lernen, lernen und nochmals lernen – unabhängig von zu lernenden Inhalten und Werten, speziell im Hinblick auf die Anwendung des Gelernten, ist hoch riskant. Für all jene, die sich mit der Absicht, einen Pilotenschein lernend zu erwerben, zu einer einschlägigen Ausbildung anmelden, gilt seit dem 11. September 2001 nicht mehr die Unschuldsvermutung. Lernen ist gefährlich. Das hatten wir vergessen. Auf brutale Art und Weise sind wir daran erinnert worden.

Der Weg in die Wissensgesellschaft

Lernen ist heute zur allerersten Bürgertugend geworden. „Wer aufhört zu lernen, hört auf zu leben" – behauptet die Münchner Volkshochschule und plakatierte dies vor nicht allzu langer Zeit großformatig in der ganzen Stadt, um noch mehr Teilnehmer und Teilnehmerinnen von ihren Lernangeboten zu überzeugen. Die Aufforderungen zum unentwegten Lernen bedrängen uns täglich; und wir „Kunden" mit unserer anerzogenen Neigung zum Statusgewinn lassen uns auch gerne drängen. Lernen scheint das universell anwendbare Entwicklungs- und Veränderungsmodell zu sein. Die ökonomischen und die gesellschaftlichen Einredungen scharen sich daher derzeit auffällig häufig um Bildungs- und Lernbegriffe. Die Politiker, die Manager in den Betrieben und jene von Spitzenverbänden, aber auch die Wissenschaftler, sie alle beschwören die „Ressource Geist". „Wissen", so ihre Behauptung, „ist der wichtigste Rohstoff der Zukunft." „Unternehmen, die weiter Erfolg haben wollen, sollten alles tun, um sich diesen Rohstoff zu erschließen", so John Naisbitt, der Zukunftsguru der amerikanischen Managementszene. Der Weg führt uns, auch dies bekannte Versprechungen, in eine „Wissensgesellschaft", und Lernen soll der vielfach nutzbringende Schlüssel für diese sein! Wir sind unterwegs auf dem „Qualification Highway" und transportieren dort den „Rohstoff Geist" im zunehmend dichter werdenden „Berufsverkehr" von einem Stau in den nächsten. Der Begriff des „Qualification Highway" ist aussagekräftig und auch sehr ehrlich. Lernautobahnen sollen her. Aber wir erfahren es täglich, auf der Autobahn kann man nicht leben, man kann dort nur schnell ums Leben kommen. Wenn das gemeint ist – ist der Begriff des „Qualification Highway" primär als eine Warnung zu verstehen.

Immerwährendes Lernen ist angesagt. Ein Entkommen davon scheint es nicht zu geben. Nur mehr der Tod befreit uns davon. Doch meist nur, wenn man vorher eines dieser Seminare (erfolgreich?) besucht hat, in denen man das Sterben lernen kann. Lernen, also nicht nur lebenslang, sondern auch lebenslänglich.

Inzwischen lernen ja nicht mehr nur Individuen. Es lernen Organisationen, Verwaltungen, ja, man glaubt es kaum, es lernen Schulen, und auch Universitäten spekulieren neuerdings damit. Bald werden wir – das ist erwartbar – den lernenden Verkehr, zumindest den auf der Straße, erwarten dürfen. Und jede Tagung, jeder Kongress, aber auch jeder Messebesuch wird als Lernveranstaltung deklariert. Dieses Lernen besitzt zumindest formal eine immer größere Bandbreite: Zwischen „closed shop" und „open space" ist alles möglich.

SICH BILDEN MACHT SPASS

Fortbildung für Fachleute am Computer (PC, Macintosh, Sun Workstation) im Bereich:
Graphik Design, Layout · Multimedia · CAD, CAE · CAD Ökologie

Tagesseminar - Abendseminar - Intensivseminar.
Das besondere Plus: Unsere Seminare können für Sie vom Arbeitsamt gefördert werden.

Warum aber dieser Lernaufwand? Und wie ist es eigentlich dazu gekommen? Fortbildung und Weiterbildung sind Begriffe, die sprachlich bereits ausdrücken, dass es uns beim Lernen zuallererst um die Gestaltung der Zukunft geht. Es geht ums „Fort-" und ums „Weiterkommen".

Lehren und Lernen ist aus der Sicht der Lehrenden und auch aus der der Lernenden an die Erwartung gekoppelt, dass sich im Verhältnis zum gegenwärtigen Zustand in der Zukunft etwas verbessert. Lehren und Lernen setzen also ein Denken voraus, das Zukunft kennt und das die Zukunft als aktiv beeinflussbar versteht. „Zukunft", so wie wir sie heute kennen, gab es aber nicht immer, und es wurde mit ihr früher auch ganz anders umgegangen.

Die Zukunft ist eine Erfindung der Neuzeit. Sie hat, wie das Lehren, das Lernen und die Beratung, eine Geschichte. Diese beiden Geschichten haben etwas miteinander zu tun. In groben Strichen gemalt sehen sie folgendermaßen aus:

Das Zeitalter des Betens

Bis ins 17./18. Jahrhundert hinein wurde nicht auf eine offene Zukunft hin gelebt und gearbeitet. Die Ereignisse, die Dinge, die geschahen, kamen auf die Menschen zu. Man ertrug oder erwartete sie. Das Alte, so die handlungsbestimmende Vorstellung damals, ist besser als das Neue. Die Zukunft war die Ankunft des Vorherbestimmten. Die Neugier auf das Kommende, die „curiositas", wurde (so z. B. von Augustinus) zu den Lastern gezählt. Sie galt als Makel, nicht als Tugend. Das tödliche Schicksal des Ikarus war bereits in der Antike ein mahnendes Symbol für die unstatthafte Neugierde. Die Vormoderne war die Zeit des Wiederholens, der Weitergabe des Erfahrungswissens von Generation zu Generation in mündlicher Form. Hoffnungen und Erwartungen orientierten sich in Mitteleuropa dabei an der christlich geprägten Weltsicht und an deren Zeitordnung. Jene, die sich mit der Zukunft beschäftigten, insbesondere waren das Propheten und Weissager, konzentrierten ihre Seherfähigkeiten nicht auf das Unbestimmte und Offene, das, was wir heute Zukunft nennen, sondern auf das Kommende oder das bereits vorab Bestimmte. Dies galt es vorherzusehen oder, wie von den Apokalyptikern präferiert, „vorherzufürchten".

Das antike Orakel ist dafür ein gutes Beispiel. Dieses war kein Ort privater Zukunftsdeutung, sondern eine Stätte, an der die Götter mithilfe eines Mediums die an sie gerichteten Fragen beantworteten. Jene, die sich des Orakels bedienten, waren durch die Geisteshaltung der Erwartung bestimmt, nicht durch die einer aktivitätsorientierten Zukunftsvorsorge. Die Zeit wurde nicht als ein Phänomen verstanden, mit dem disponiert und kalkuliert werden konnte. Man schwamm quasi in und mit der Zeit und ließ sich wie selbstverständlich im Strom der Zeit treiben. Dies jedoch auf engem Raum. Die Welt wurde als das wahrgenommen, was man vom Kirchturm aus sah, und sie endete dort, wo man die Glocken des Kirchturms nicht mehr hören konnte.

In einer solchen Gewissheitsgesellschaft musste nur das gelernt werden, was sicherte, dass alles möglichst so blieb wie es bereits war. Typisch dafür ist die Formulierung in der Thorner Zunfturkunde von 1523, die den Fortschritt – dieses Wort gab es damals noch nicht – verbietet:

> *Kein Handwerksmann soll etwas Neues erdenken,*
> *erfinden oder gebrauchen, sondern jeder soll aus bürgerlicher*
> *und brüderlicher Liebe seinem Nächsten folgen und sein*
> *Handwerk ohne des Nächsten Schaden treiben.*

In der Grundhaltung dieses Denkens werden die wirtschaftlichen Interessen den Zwecken des sozialen Friedens untergeordnet. Es ist der ehrliche und nicht, wie heute, der erfolgreiche Kaufmann, der gesellschaftlicher Anerkennung sicher sein konnte.

Neues zu lernen wurde zu dieser Zeit nicht verlangt und nicht erwartet. Die übliche Antwort auf die neugierige Frage, wie etwas zu tun sei, war stets „so wie immer schon". Die existenzielle Unsicherheit, die es ja damals auch gab, wurde durch die Gnadengewissheit und die Hoffnung auf zukünftige Erlösung bearbeitet. Um das zu erfahren, was von der Zukunft zu erwarten war, musste man weder beraten werden noch eine Lernveranstaltung aufsuchen. Vielmehr musste man den Worten der Priester folgen, die sich ihrerseits weitgehend an der Offenbarung des Johannes orientierten. Veränderungen im Leben wurden als Befehle Gottes bzw. auch als Verkündigung des göttlichen Willens empfangen, galten jedoch nicht als Ergebnis persönlicher Entscheidungen. Die Bitte an den Allmächtigen, uns zu *lehren*, dass wir sterben müssen, wurde beispielsweise vom irdischen Personal der Kirchen nicht – wie heute – als Aufforderung interpretiert, Lernveranstaltungen, in denen man das Sterben lernen kann, anzubieten. Diese Bitte war vielmehr ein dringlicher Hinweis, alles Irdische, also das Lernen und das zielstrebige Handeln und überhaupt alles menschliche Tun, im Angesicht des Todes als vorläufig und hinfällig zu erkennen. Neues entstand in dieser Zeit zwar auch – aber man schrieb dieses nicht einem Lern- oder einem Erkenntnisprozess zu, sondern zuallererst dem

Glauben an Wunder. Man glaubte fest an die Wirksamkeit des Kontaktes mit heiligen Gegenständen und an die des Gebetes sowie an die Anordnungen der Geistlichkeit. So hatte man sich beispielsweise vor einigen hundert Jahren in der Poebene dadurch vom Hochwasser zu schützen versucht, indem man einen durch den Ortsbischof legitimierten Befehl in den Fluss warf, der die Fluten aufforderte, unverzüglich in ihr Bett zurückzukehren. Die heutigen Bewohner der Poebene dagegen versprechen sich Schutz und Heil von jenen gründlich ausgebildeten Ingenieuren, die für die baulichen Maßnahmen eines funktionierenden Hochwasserschutzes da sind, die sich gründlich beraten lassen und die ihre Kompetenzen regelmäßig lernend auf den neuesten Stand bringen.

Systematisches Lehren und Lernen, also Fort- und Weiterbildung, waren daher in der Vormoderne nicht notwendig. Menschen mit Leidensdruck versprachen sich die Reduktion dieses Leidensdruckes durch Erlösung, nicht durch Beratung und Weiterbildung. Gebete waren daher üblicher als Bildungsmaßnahmen. Sie machten das Erlöstwerden wahrscheinlicher. Die Religion, nicht die Bildungsinstitutionen, erfüllte die Erwartungen, dass allem, was geschah, ein Sinn innewohnt. Man kommunizierte mit Gott und nicht mit fest angestelltem Lehrpersonal oder mit freiberuflichen Beratern. Mit Vorliebe zündete man, wenn's um die Zukunft ging, Kerzen vor Heiligenbildern an und begab sich nicht, wie heute, wenn die Zukunft beeinflusst werden soll, auf die Suche nach einem passenden Bildungsangebot. Von Karl dem Großen, dem mächtigsten Mann Europas vor 1200 Jahren, berichtet ein Chronist voller Stolz und Bewunderung: „Er übte sich im Schreiben." Das reichte in der Vormoderne an Lernleistung, um ein riesiges Reich zu beherrschen. Später dann musste mehr und noch vieles andere gelernt werden.

Das Zeitalter des Erziehens

Ein grundlegender Wandel zu einer völlig neuen Weltsicht zeichnete sich mit dem Beginn der Renaissance ab. Der Humanist Pico della Mirandola, von dem wir nicht das Geburtsdatum, aber das Todesjahr (1494) kennen, betonte erstmalig die Eigenverantwortung des Menschen für die Gestaltung der Welt. Damit wurde im Denken und Handeln der Menschen von Vergangenheit und Gegenwart auf Zukunft hin umgeschaltet. Die Verbesserung der menschlichen

Gesellschaft, die Vervollkommnung der körperlichen und der geistigen Gaben der Menschen, alles selbstverständlich im Rahmen des göttlichen Heilsplans, gerieten schließlich als etwas Machbares und Beeinflussbares in den Blick. Die Menschen gingen ab dieser Zeit handelnd mit der Zeit um. Die Zeit kommt, räumlich gesehen, nicht mehr nur auf einen zu, sie ist nicht mehr ausschließlich „Eigentum Gottes", man geht vielmehr in gestaltender Art und Weise auf diese zu. Die Neugier zählt konsequenterweise in diesen modernen Zeiten nicht mehr zu den Lastern, im Gegenteil, sie wird zunehmend zu einer Tugend. Die pure Nachahmung dessen, was war und ist, verliert ihre soziale Anerkennung als ausschließlich erwünschtem Handeln. Das Denken des bisher noch nicht Gedachten, das Erkennen des bisher Unbekannten, das Entdecken des Unentdeckten wurden zum sozialen Erfolgsmaßstab. Die Suche nach der Wahrheit und dem Neuen erhält in den Gründungen von Universitäten ihren angesehenen institutionellen Ort. Mithilfe der Wissenschaft, speziell von technisch angewandter Naturwissenschaft, systematischer Ökonomie, sowie eines gewachsenen Vertrauens in die individuelle Vernunft wurden Verbesserungen des sozialen Lebens und die Verringerung der Übel in dieser Welt angestrebt.

Die Zukunft, so die neue, die *moderne* Vorstellung, wie wir sie heute nennen, kann beeinflusst werden. Sie ist Gegenstand menschlicher Sorge, insbesondere was ihre Richtung betrifft, in die sie sich entwickeln soll. Langfristige gesellschaftliche Zielvorgaben werden definiert, Perspektiven entwickelt. An ihnen sollen sich die Individuen, als Teil der Gesellschaft, zwecks Förderung dieser dynamisch verstandenen Gesellschaft orientieren. Das kreisförmige Wiederholungsdenken des Mittelalters wird durch eine lineare Zeit-Vorstellung abgelöst. Das Denken und Handeln im Alltag, speziell aber das ökonomische Denken und Handeln, wurde hierdurch verzeitlicht – und zwar zuallererst auf die Zukunft hin. Pointiert ausgedrückt: Neues kann jetzt von Menschen gemacht werden, d. h. Modernisierung geschieht durch menschliches, nicht durch göttliches Handeln. Dies gilt insbesondere für das politische Wirken der Staatsmänner. Sie fühlten sich für die Zukunft ihrer Bürger und Bürgerinnen verantwortlich. Zukunft wird mit Fortschritt – ein Begriff der im 18. Jahrhundert entstand – verbunden. Und dieser Fortschritt wird „gemacht", indem Natur in bearbeitete Natur verwandelt wird, der Mensch also zu einem erzogenen Menschen wird. Das heißt: man verspricht sich in der Moderne die Verbesserung und die Vervollkommnung des Menschengeschlechts, ebenso die der gesellschaftlichen Ordnung, zuallererst durch Erziehung. Und diese findet im 18. und 19. Jahrhundert bevorzugt am Tag des Herrn, also am Sonntag statt.

Die Sonntagsschulen sind ja auch ein offensichtliches Zeichen für den Sachverhalt, dass Erziehung zu einer Art Gottesdienst wird und an dessen Stelle tritt.

Der Engländer John Locke propagierte die Lehre von der Abhängigkeit des gesellschaftlichen Fortschreitens und des nationalen Wohlstandes von der Förderung der Vernunft und der Erziehung. Die Veredelung der Gesellschaft und der darin lebenden Individuen durch vernunftfördernde Erziehung strebten insbesondere Comenius, Pestalozzi und Condorcet, Letzterer der fortschrittsgläubigste Bildungspolitiker der Französischen Revolution, an. In Lessings Schrift *Die Erziehung des Menschengeschlechts* fand die Idee des Fortschritts mittels pädagogischer Möglichkeiten schließlich auch im deutschsprachigen Raum ihr systematisches Fundament. Comenius steht am Anfang der modernen Didaktik, jener Lehre, die das Lernen lehrt. Ausgerichtet ist diese auf die Verbesserung der Welt mit maßgeblicher Hilfe der Pädagogik. 1657 formuliert er in diesem Sinne das Ziel und die Absicht seiner „didactica magna". Sie ist

die vollständige Kunst, alle Menschen zu lehren auf
sichere und unverzügliche Art und Weise, in allen Gemeinden,
Städten und Dörfern eines jeden christlichen Landes Schulen
zu errichten, in denen die gesamte Jugend beiderlei Geschlechts
ohne jede Ausnahme rasch, angenehm und gründlich in den
Wissenschaften gebildet, zu guten Sitten geführt, mit
Frömmigkeit erfüllt und auf diese Weise in den Jugendjahren
zu allem, was für dieses und das künftige Leben nötig ist,
angeleitet werden kann.

Die Politik richtet sich im 18. Jahrhundert – das nannte man seit 1750 „Fortschritt" – zunehmend auf die Verbesserung der wirtschaftlichen Lage aus. Erziehung war eines der wichtigsten Vehikel, um die dafür notwendigen Fähigkeiten und Geschicklichkeiten der Untertanen zu produzieren. Mit eben diesen anerzogenen Fähigkeiten und Geschicklichkeiten strebte man – wie man in einer damals verbreiteten staatspolitischen Schrift (Justi 1760, 475) nachlesen kann, einen „blühenden Nahrungsstand (…) und die erforderliche Einsicht der Untertanen in die Wohlfahrt des Staates" an. Die Wirkungsrichtung der Erziehung zielte also zuallererst aufs Politische und aufs Wirtschaftliche.

Einflussreiche Menschen (Staatsmänner, Unternehmer, Militärs, Kardinäle und Bürgermeister) entscheiden in dieser Zeit über die Ziele und den Umfang erzieherischer Aktivitäten, die häufig mit großen Zukunftsentwürfen verbunden werden. Diese Vorstellungen reichen von einer zukünftigen friedlichen Volksgemeinschaft über uhrwerkartig funktionierende soziale Systeme bis hin zur klassenlosen Gesellschaft und zu utopischen Volkswohlstandsmodellen. Die Herrschenden behaupteten zu wissen, wo es langzugehen hat. Erziehung ist in der Moderne das entscheidende und das beliebteste Mittel, durch das die Erlösung, die jetzt als Fortschrittserwartung daherkommt, gefördert werden soll. Der Mensch löst sich zunehmend von der Natur und von Gott. Er selbst tritt an Gottes Stelle, richtet über gut und schlecht sowie über das Zukünftige. Er entscheidet über die Zeit, deren Ordnung und deren Maß. Dadurch verabschiedet er sich vom ehemals dominierenden religiösen Vorstellungshorizont. Die Zeit, und der Umgang mit ihr werden von ihrer Ausrichtung aufs Jenseits abgekoppelt und zu einem Gegenstand des Diesseits. Die Zeit soll zum Dienst an der Vervollkommnung der Menschheit genutzt werden. Damit dies gelingt, wird u. a. die Schulpflicht eingeführt. Und diese hat, laut Preußischem Generalschulreglement von 1763, den Zweck, nicht mehr nur Untertanen, sondern „geschickte und bessere Untertanen zu erziehen". Damit war auch Kant einverstanden. Er schreibt:

> *So schickt man Kinder Anfangs in die Schule,*
> *nicht schon in der Absicht, damit sie dort etwas lernen sollen,*
> *sondern damit sie sich daran gewöhnen mögen,*
> *still zu sitzen und pünktlich das zu beobachten,*
> *was ihnen vorgeschrieben wird ... (1803).*

Damals aber waren die durch Disziplinierung und planvolle Ausrichtung gekennzeichneten Erziehungsmaßnahmen fast ausschließlich auf Kinder und Jugendliche hin ausgerichtet. Von Weiterbildung und vom lebenslangen Lernen war noch nichts zu sehen. Eine diesbezügliche Lernkultur, wie wir sie heute besitzen und pflegen, setzt einen weiteren grundlegenden Perspektivenwechsel voraus. Dieser nun zeichnet sich insbesondere dadurch aus, dass sich die utopischen Potenziale heutzutage mit den Lernvisionen einer lebenslangen Schülerschaft verbinden. Die Erlösungshoffnungen, die in der Moderne zu einem irdischen Projekt wurden, werden jetzt privatisiert. Die Erziehungs- und Bildungsinstitutionen werden zu Lernzentren mit andockbaren Lernstationen.

Das Zeitalter des Lernens

Heute sind wir nicht mehr von Kaisern, Königen und Bürgermeistern abhängig, eher sind wir es von Softwareherstellern und jenen Menschen, die unsere Website installieren. Aber noch mehr sind wir von uns selbst abhängig. Im Zeitalter der Individualisierung und der Ablösung des Fruchtbarkeitskultes durch die Mehrwertsteuer wurde schließlich auch die Zukunft individualisiert. Die orientierenden Leistungen traditioneller Vorstellungen, wie die der Religionen, der Utopien, der welterklärenden Philosophien sind zunehmend flüchtig geworden. Wir können nicht länger behaupten, die Wahrheit in unserem Besitz zu haben und wir können uns nicht mehr auf eine gemeinsam geteilte Zukunftsperspektive stützen. „Wir können nur sicher sein, dass wir nicht sicher sein können, ob irgendetwas von dem, was wir als vergangen erinnern, in der Zukunft so bleiben wird wie es war", analysierte Niklas Luhmann.

Im Alltagsdeutsch heißt das: „Man kann sich auf nichts mehr verlassen."

Es gibt, so das nachmoderne Denken, keinen festen Boden und keine scharfen Begrenzungen mehr, nur noch allseitige Bewegung. Vorne, so gestehen einige überraschend ehrliche Trendforscher ein, ist dort, wo sich niemand auskennt. Der Glaube an den in der Moderne erfundenen Fortschritt und an einen emanzipatorischen Geschichtsverlauf auf der Basis von Erziehungsmaßnahmen ist inzwischen erschüttert. Die Einzelnen müssen und sollen jetzt für ihre eigene Zukunft selber sorgen. Diese ist im je subjektiven Sinne zu optimieren. Die Zukunft wird privatisiert und damit pluralisiert. Es gibt nicht mehr nur *einen* richtigen Weg, der in eine befriedigende Zukunft führt, es gibt viele. Das macht viel Hoffnung, eröffnet Chancen, ruiniert aber auch die traditionellen Fundamente unserer Stabilität. Und nicht selten verführt es zu Illusionen. So z. B. verkünden die Münchner U-Bahn Schaffner das postmoderne Credo, wenn sie die am Bahnsteig Stehenden bitten, doch an allen Türen zuzusteigen. Das ist bisher noch niemandem gelungen. Jeder muss sich für eine entschieden. Die Wahlfreiheit ist – auch in diesem Fall – kleiner, als sie immer wieder proklamiert wird. Die Gewissheit des Ungewissen versetzt uns alle in den Zustand des Schwebens und des Suchens. Nicht mehr nur die Arbeit ist es, die den Einzelnen zum erhofften Glück verhilft, auch die Spekulation an der Börse vermag den geldwerten Glückszustand zu realisieren – wenigstens potenziell. Ganz zu schweigen von den Möglichkeiten, die das staatlich sanktionierte Glücksspiel eröffnet. „Wir machen Millionäre", verspricht die Lottogesellschaft auf den Plakatwänden landauf, landab. Wir müssen also viele Wege in die Zukunft gleichzeitig gehen, um, wie der Untertitel eines Kinofilms es verspricht, zum Held des eigenen Lebens zu werden. Man ist gezwungen, die Welt im Hinblick auf sich selbst zu arrangieren, denn wenn die Welt als Ganzes schon nicht besser wird, so sollen doch den Einzelnen die Wege in eine bessere Welt offen stehen. Dies aber geht nur lernend, und das lebenslang.

Dieses lebenslange Lernen bekommt immer häufiger den Charakter der Multiaktivität. „Bei uns können sie lernen und lachen", verspricht die Sprachenschule Fokus in der Münchner U-Bahn. „Gleichzeitigkeit" ist das Wasserzeichen der verschärften Moderne, die wir manchmal auch Postmoderne nennen, lachend lernen, lernend lachen und dabei vielleicht noch telefonieren, zumindest aber Musik hören oder Auto fahren. Das liegt im Trend, der zunehmend die Zukunft ersetzt.

Jede Gegenwart produziert eine jeweils neue Zukunft, die unbekannt ist, aber individuell beeinflusst werden soll, und sei es dadurch, dass die gegenwärtigen Probleme in die Zukunft verlagert werden. Die sinnbestimmenden Großkonzepte und die wärmenden Gewissheiten, die für die existenziellen Problemlagen moderner Gesellschaften und für deren Mitglieder ehemals notwendig waren und an denen sich die Individuen stabilisierten, sind weitgehend verbraucht. Veränderungen, Veränderungshoffnungen und Veränderungsangst sind damit zur Normalität geworden. Unsere Suche nach dem Sinn endet in den allermeisten Fällen in einer Lernveranstaltung. Und sie beginnt sogleich wieder, wenn diese an ihrem Ende angekommen ist. Dieser Kreislauf verspricht dem Bildungsbereich hohe Zuwachsraten. Uns Heimatlosen, die wir verlernt haben anwesend zu sein, verspricht nur noch die Bausparkasse: „Wir geben Ihrer Zukunft ein Zuhause." Doch jeder weiß, die einzig verbindliche Zukunft, die wir heute haben, ist unser Altwerden. Lernend aber versuchen wir, auch das zu verleugnen. Die Veranstaltungsangebote für eine pädagogische Form der Kosmetik sind nicht mehr zu übersehen. Sie richten sich an alle Älteren, die jung bleiben wollen.

Weder die Wahrsager noch die Politiker, kaum mehr die Eltern und noch weniger Bürgermeister und Bischöfe dürfen wir heute befragen, wenn wir wissen wollen, was uns die Zukunft bringt. Wir müssen uns selbst fragen und anschließend ins Netz gehen. Das ist die Gegenwart der Zukunft. Dies erhöht unsere Unruhe, weil wir immerzu von Verlusterfahrungen, von Vereinsamung, von Bindungslosigkeit und Computerabstürzen bedroht sind. Wer tröstet uns, wenn die Zukunft nicht so wird, wie wir sie uns vorgestellt haben, und wen – außer uns selbst – können wir dann dafür verantwortlich machen? Gottfried

Benns sarkastische Diagnose trifft die Realität: „Vor wem sollen wir noch knien? Der Alte hat uns im Stich gelassen, die Lage ist bitter."

Wenn sich die soziale und mit ihr die zeitliche Ordnung rascher verändern, dann veralten die Eltern und alle Personen, die in unübersichtlichen Situationen ehemals für den notwendigen Überblick sorgten, mit ebenso zunehmend höherer Geschwindigkeit. Sie kennen sich nicht im Internet und auch nicht im Cyberspace aus. Die Folge: Jedermann muss selbst herausfinden, was gut und sinnvoll ist – und jede Frau ebenso. Aber niemand kann es alleine und niemand für längere Zeit. Weil kein Mensch mehr auf dem Laufenden ist, laufen so viele zum Lernen und zur Beratung.

Wenn sich die Welt nur mehr als Ansammlung mehrdeutiger und risikoreicher Lebenssituationen darstellt, steigt der Bedarf nach Angeboten, welche Übersicht, Eindeutigkeit und Risikominimierung versprechen. Die mannigfaltige Ratgeberliteratur und ihre an der Höhe der ausliegenden Bücherstapel erkennbaren Erfolge sind ein sichtbares Ergebnis dieser Nachfrage der sich selbst fragwürdig gewordenen Käufer und Käuferinnen. Ein anderer zeigt sich in den steigenden Teilnehmerzahlen bei Weiterbildungskursen. Insbesondere das Lernmodell „Beratung" gewinnt seine Attraktivität durch das Versprechen, dabei den sehnlichst erhofften Sinn für das, was man tut, und das, was man besser lässt, zu liefern. Denn der „Shareholder Value" vermag ja für die Mehrheit der Kleinanleger auch nicht allzu viel lebensorientierende Sinnsubstanz abzuwerfen – und wenn, dann nicht längerfristig. Beratung und Bildung sind nämlich immer dann gesuchte Leistungen, wenn sich Sinnstrukturen – wie heute der Fall – verflüchtigen. Einige offensichtliche Beispiele: Es verfällt die große Sinnstruktur „Beruf". Der Berufswechsel, nicht mehr der Lebensberuf, ist heute die Normalität. Zwar kann man ohne Berufsabschluss nichts mehr werden, aber mit Berufsabschluss ist man auch kaum mehr etwas. Ebenso ist der „Fortschritt" eine jener „großen Erzählungen", die zunehmend weniger Sinn produzieren. Die Regierungen, die Gewerkschaften, die Wirtschaftsverbände, die Eltern und Vorgesetzten, alle diese Sinngebungsinstanzen haben mit sichtbarer und spürbarer Altersschwäche zu kämpfen. Kaiser und Könige sind daher auch bis auf einen folkloristisch ausbeutbaren Rest ausgestorben. Heute ist der Kunde König und Kunden sind wir alle, zumindest Kunden von Bildungsinstitutionen und Beratungsagenturen.

Bildung und Beratung werden angefordert, wenn man weiß, dass es so, wie es ist, nicht weitergeht. Sie werden in Situationen, in denen „Sinn und Unsinn innig geknetet beieinander liegen" (Kleist) zum Sinnersatz. Sie machen wieder neuen Sinn zugänglich, aber meist nur kurzfristig. Denn letztlich können Beratung und Lernen auch nur darauf aufmerksam machen, dass der Sinn der verschärften Moderne darin besteht, permanent nach dem Sinn zu suchen. Zweifelsohne profitieren sie vom herrschenden Zwang zur aktiven individuellen Zukunftsgestaltung und davon, dass die heutige Vielfalt an Vorstellungs- und Handlungsmöglichkeiten in keinem Verhältnis mehr zu jener Zeit steht, die wir für eine sinnvolle Auswahl bräuchten.

Die ungeheure Zunahme an Wissen produziert ein exponentielles Wachstum von Nichtwissen, von Ohnmacht und Unsicherheit, dem wir durch Lernen beizukommen versuchen. Sisyphos lässt grüßen. Speziell dann, wenn man erkennt, dass die Notwendigkeit des „Entlernens" zunimmt. Denn die einmal gelernten, aber inzwischen veralteten Qualifikationen müssen ja auch entsorgt werden, selbstverständlich durch Lernen – wie auch sonst? Das Lernergebnis, z.B. das Wissen, erhält, wie andere Produkte auch, die wir herstellen, ein Verfallsdatum. Deshalb ist die Behauptung, wir befänden uns auf dem Weg in die Wissensgesellschaft, nur die halbe Wahrheit, wir sind auch auf dem Weg in eine Wissensverschleißgesellschaft. So gesehen, stünde es dem z. Zt. etwas aufgeblasenen Begriff der „Wissensgesellschaft" gut an, wenn er etwas Luft abließe. Unser Wissen nimmt nämlich nicht einmal in *dem* Maße zu, wie unsere Unwissenheit steigt. Diesen Sachverhalt versuchen wir durch permanentes und lebenslanges Lernen zu verschleiern, obgleich wir dabei doch immer wieder mit der Tatsache konfrontiert werden, dass wir durch Lernen letztendlich auch nicht klüger werden. Goethe hat das bereits auf den Punkt gebracht:

Und so geht's weiter, und wir habens so weit gebracht,
dass oben immer in einem Tage mehr verzehrt wird,
als unten in einem organisiert/beigebracht werden kann …

Beschreiben wir die historischen Veränderungen unserer Heilserwartungen und unseres darauf aufbauenden Zukunftshandelns mit der Formel: „Von der Zeit Gottes zu den Zeiten der Individuen", so entspricht dieser Entwicklung der relativ lange Weg von den Gebeten zu den Bildungs- und Beratungsangeboten. Zunehmende Verweltlichung ist das Kennzeichen; sowohl unseres Handelns auf Zukunft hin als auch unseres Umgangs mit den Erlösungshoffnungen. Diese Erlösungserwartungen kommen heute als Erfolgsmotive daher. Das beliebteste Mittel, um in diesen Zeiten das Gefühl zu bekommen, etwas hinsichtlich der Erlösung tun zu können, ist eben die Anmeldung bei einer

Beratung oder zu einer Bildungsveranstaltung. Und wenn man sich dabei die riesige Anzahl der Interessenten vergegenwärtigt, dann scheint der Drang nach erhoffter Erlösung über die Jahrhunderte hinweg eher größer als geringer geworden zu sein. Aus der Lerngeschichte kann man also lernen, dass die Menschen nicht allzu viel gelernt haben. Wenn man das gelernt hat, kann man weiterlernen.

Vom Beten zum Lernen und zurück

Es mehren sich die Zeichen, dass wir Dauerlerner eine Rückfahrkarte gekauft haben, als wir uns auf die Reise vom Beten zum Lernen machten. War die Weltsicht in der Vormoderne in religiöse Vorstellungen eingebunden und durch kirchliche Rituale und Feste zeitlich strukturiert, so ist das Leben eines Großteils unserer Bevölkerung heute in der Postmoderne an einer Vorstellungswelt orientiert, die durch die unterschiedlichen Lernphasen und Lernmöglichkeiten bestimmt wird. Das Lernen und die Beratung übernehmen die ehemals von der kirchlichen Liturgie gestalteten Ritualisierungen des Alltagslebens und des Lebenslaufs. *Sie* haben die Nachfolge der Offenbarungsreligionen angetreten. Der spätmoderne Mensch nutzt das Lernen als Religionsersatz und die Wissenschaft als Substitut für die kirchliche Anbindung. Aber, im Gegensatz zum vormodernen Beten, vermag das Lernen nicht mehr zur Gewissheit führen, im Jenseits einen festen Platz zu finden und im Diesseits erst recht nicht. Das macht uns alle irgendwie heimat- und ratlos und treibt uns daher weiterhin zu den Beratungs- und Lernangeboten, die uns aber auch nicht vermitteln können, wozu Lernen eigentlich gut ist. Aber sie geben uns zumindest die sichere Erkenntnis, dass es ohne Lernen mit uns, mit der Wirtschaft und der Gesellschaft nicht weitergeht.

Auch wenn im Alltag die Prinzipien und die Werte des christlichen Weltbildes sowie die der christlichen Botschaft und die der theologischen Vernunft immer mehr an Einfluss verlieren, so kann man bei genauerem Hinsehen jedoch nicht von einer Reduktion religiösen bzw. quasi religiösen Verhaltens sprechen. Die Heiligen, die wir in dieser modernisierten Moderne anbeten, stehen nicht mehr im Kalender und ihre Gebeine liegen auch nicht in prunkvoll ausgestatteten Truhen in den Seitenkapellen unserer Kathedralen. Die Heiligen sind abstrakter geworden. Sie heißen heute Flexibilität, Mobilität und Globalisierung.

Deren Anbetung geschieht durch Formen des Lernens und des Managens, und dies rund um die Uhr. Das, was die Christen ehemals eine „frohe Botschaft" nannten, ist heute eine „erfolgreiche Message". Ganz besonders erfolgversprechend scheint die Verknüpfung religiöser Versatzstücke mit Rezepten des Selbstmanagements. Ein solcher Cocktail sichert heutzutage fast zwangsläufig den Erfolg – meist jedoch nicht jenen derer, die ihn zu sich nehmen, sondern derer, die ihn mixen. Ähnliches gilt für die Inflation von Visionen, denen man heute ausgesetzt ist. Ehemals waren diese für jene Menschen reserviert, die ihre postmortale Selig- bzw. Heiligsprechung anstrebten. Nachdem Visionen in der Zeit der Aufklärung zur Einweisung in eine geschlossene Anstalt führten, sind sie heute höchst willkommen. Sie gehören zum Standardrepertoire des Managements, ja auch jene dürfen und sollten Visionen produzieren, die keine Aussichten auf Beförderung mehr haben. Auch wenn diese dann unbrauchbar sind, haben sie zumindest die Chance, im Internet abgestellt zu werden, was dieses Medium schließlich zur weltweit größten Abstellkammer macht. Personalentwicklung geschieht als Lernprozess neuerdings nach dem „Santiago"-Prinzip. Pilger sollen sie werden, die Lernenden – aber nur in Maßen. Für gutes Essen und bequeme Betten ist gesorgt, und auch den Laptop dürfen diese Edel-Pilger dabei mitnehmen.

In diesem Zusammenhang ist es nur konsequent, dass viele Führungskräfte und noch mehr jene, die es werden wollen, ihre schwergewichtigen Zeitplansysteme, mit den vielen Beratungsterminen wie Monstranzen vor sich hertragen. Hingegen haben wir Gott – modernisierungsbedingt – in eine Seniorenresidenz (so heißen die Altersheime heute) – abgeschoben. Ihn brauchen wir nun nicht mehr, weil wir uns selbst zu engelsgleichen Wesen gemacht haben. Den Gesetzen der Schwerkraft unterliegen wir nicht mehr im Internet und im Cyberspace, und die Grenzen von Raum und Zeit überwinden wir so mühelos, wie sich das unsere christlich geprägten Vorfahren nur bei den Engeln vorstellen konnten. Die Technologie, und dabei speziell das Telelearning, wird heutzutage zum Vollstrecker der Theologie. Wir kennen keinen Ort mehr, nur noch Raum, wir kennen keine Jahreszeiten und keine Zeitzonen mehr, nur mehr Tempo. Alles zu jeder Zeit, immer, überall und sofort. Scheinbar sind wir im Paradies gelandet. Nur – und das macht doch den gravierenden Unterschied zum wirklichen Paradies aus – wir müssen zuallererst lernen, all die uns zur Verfügung stehenden Möglichkeiten auch zu erwerben und zu nutzen. Wir sind dazu verurteilt, uns Paradieskompetenzen zu erarbeiten. Und zusätzlich sind wir gezwungen, diese täglich und demnächst wohl stündlich zu erneuern. Das

Paradies macht also viel Arbeit, und so ganz zeitlos ist es anscheinend auch nicht! Vielleicht aber handelt es sich bei dem Weg von der Industrie- in die Dienstleistungsgesellschaft doch nur um eine paradiesische Hölle, auf die wir da zusteuern, oder etwas volkstümlicher formuliert: ein Weg vom Regen in die Traufe!

Ist es wirklich ein Fortschritt, wenn wir das sehnlichst angestrebte Heil und die Erlösung nicht mehr beim Beten, sondern beim Lernen und beim Selbstmanagement zu finden hoffen? Zweifel sind erlaubt, evtl. sogar erwünscht.

Eine vor nicht allzu langer Zeit erschienene Empfehlung des deutschen Bundesministeriums für Bildung und Forschung liefert diesbezüglich einige Indizien. Dort plädiert man, ich zitiere, für die „Erschließung von Warteräumen, Zugabteilen und Sonderzügen als Lernorte sowie den Ausbau von Lerngelegenheiten bei realen und virtuellen Studienreisen, zusätzlich noch den flexiblen Einsatz von Lernbussen und Technologiebussen, die Einrichtung von Bildungsparks, Wissenschaftsparks und das Anlegen von Bildungsrouten für Wochenendtouren". Dies alles soll zu einer – ich zitiere wieder – „bürgerlich – solidarischen Lernbewegung" führen. Und auch die EU-Programmatik schlägt in die gleiche Kerbe. Lernzentren sollen geschaffen werden, und zwar dort, wo die Menschen täglich zusammenkommen, z. B. in Kirchen, Parks, Bahnhöfen, Werkskantinen, Freizeitzentren. Schlafzimmer werden glücklicherweise nicht erwähnt.

So etwas ist ein eindeutiger Beleg: „Lernen" heißt heute der beliebteste und der am meisten akzeptierte Glaube. Die Lerngelegenheiten ersetzten die Brückenheiligen und all die ehemals zur Kontemplation einladenden Kapellen am Wegesrand. Niemals zuvor hat man so intensiv an die Macht des Lernens geglaubt. Denn traditionelle Gesellschaften stabilisierten sich durch den Glauben an Mythen und an religiöse Erzählungen, moderne, speziell aber nachmoderne Gesellschaften, berufen sich rituell auf den durchs Lernen zu befördernden Fortschritt. Dieser aber ist nicht nur an die Stelle der Mythen getreten, er ist selbst zu einem Mythos geworden. Der Glaube hat also, entgegen anders lautenden Interpretationen, nicht abgenommen, er wurde auch nicht durchs Lernen ersetzt. Wir glauben vielmehr ans Lernen, und dieser Glaube soll mit fleißiger Unterstützung des Bundesbildungsministeriums zu einer Bürgerbewegung werden – kaum zu glauben. Das haben wir nun davon, dass wir uns von der uns umgebenden Natur sowie von Gott und der Kirche emanzipiert haben. So bringt das Lernen etwas von jener Transzendenz in unser Leben zurück, von der wir doch meinen, wir bräuchten diese nicht mehr. Das Lernen ist der

Touristen im Kölner Dom, aus: Doyle. The foreign tour. 1854

Fundamentalismus der postmodernen Zivilisation. Es ist die kulturelle Religion des fortschrittsorientierten abendländischen Menschen, der meint, alles in die eigene Hand nehmen zu können und zu müssen. Lernen, so unsere unchristlich-religiöse Vorstellung, ist genauso wie das Beten ein Weg zum Heil, aber weil er der schnellere ist, ist er heute, wo alles versofortigt wird, der attraktivere.

Mehrheitlich erleben wir diese fürsorgliche Belagerung durch lebenslange Lernprozesse als einen Schritt zu größerer Freiheit. Aber ist er das wirklich? Oder haben wir nicht vielleicht doch nur die eine Abhängigkeit durch eine andere ersetzt? Es sieht fast so aus. Wozu bräuchte das lebenslange Lernen ansonsten so viel Propaganda?

Findet die mit großem Pathos offerierte Freiheit dort ihre Erfüllung, wo man Lehrenden zuhört, wo man Sprachkassetten ins Autoradio schiebt oder Lernvideos in den bereitstehenden Recorder? Lernen, lernen, lernen – das klingt eigentlich nicht nach Freiheit, das klingt eher nach selbst gewähltem Arrest mithilfe einer pädagogischen Fußfessel. Und diese soll uns davon abhalten, die Freiheiten wirklich zu leben. Wir sollen sie nämlich nicht leben, wir sollen sie nutzen – und dies nicht unbedingt für uns selbst.

Am treffendsten lässt sich die Situation, in der wir uns befinden, mit der Paradoxie beschreiben, dass der Zwang zum Lernen zwar abnimmt, aber der Druck, sich immerzu als Lernender zu begreifen und zu präsentieren, dafür zunimmt. Dementsprechend stehen wir heute vor dem gleichen Problem, das bereits Kant beschäftigte: Wie gelingt die „Kultivierung der Freiheit bei dem Zwange"?

Zumindest aber sollten wir wissen, wofür es sich lohnt, frei zu sein. Denn wenn wir das wüssten, dann könnten wir die Freiheit auch leben und müssten uns nicht lebenslang lernend darauf vorbereiten.

Das Lernen löst die Arbeit ab

Ehemals war es das Beten, dann die Arbeit und heute schließlich das Lernen, das als maßgeblicher Ordnungsfaktor die Gesellschaft stabilisierte. Eine Gesellschaft die, wie die heutige, sich immer weniger über Arbeit zu definieren und zu regulieren fähig ist, braucht ein neues, zumindest ein zweites Integrationsmedium. Dieses ist das lebenslange Lernen.

Das Ansehen eines Bürgers als ein „ordentlicher Bürger" ist nicht mehr länger allein an den Sachverhalt geknüpft, dass dieser auch ordentlich arbeitet. Heute muss er, wenn er schon keine ordentliche Arbeit bekommt, wenigstens ordentlich nach einer ordentlichen Arbeit suchen. Dies drückt er am besten dadurch aus, dass er fleißig lernt. So fällt dem Lernen immer mehr jene gesellschaftliche Ordnungsfunktionen zu, deren Monopol ehemals die Arbeit hatte. Die Statistiken zeigen es: Die Arbeitszeiten sind – speziell in der jüngsten Zeit –

wesentlich kürzer geworden, die Lernzeiten wurden erheblich ausgebaut. Die Anwesenheit von Schülern und Schülerinnen in den schulischen Bildungsanstalten haben im 20. Jahrhundert (so Zahlen aus der Schweiz) um 24 % zugenommen und die von Erwachsenen in Lernprozessen um dreistellige Prozentsätze. In unserer Gesellschaft steigt der Anteil der Lebenszeit, der fürs Lernen aufgebracht wird, massiv gegenüber jenem, der fürs Arbeiten genutzt wird. Wir schlittern von einer Arbeits- in eine Weiterbildungsgesellschaft. Deren dominante und attraktive Kommunikationsmedien heißen „Lernen" und „Beratenwerden".

Nur wer ordentlich lernt, also häufig Aus- und Weiterbildungsveranstaltungen besucht, sich selbst etwas beibringt oder sich beraten lässt, kann damit rechnen, gesellschaftlich als ein „guter" und ein „ordentlicher" Bürger anerkannt zu werden. Denn, so der analytische Blick des Kabarettisten Gerhard Polt, „heutzutage gilt nicht mehr, was einer kann, sondern was er gelernt hat". Das Arbeitsamt hat bereits die Konsequenz gezogen, es ist zum „Lernamt" geworden, denn die Vermittlung der Arbeitsuchenden in Bildungsmaßnahmen ist inzwischen zu dessen Haupttätigkeit geworden. Lernen wird zur Arbeit, Arbeit zum Lernen und das lebenslange Lernen zum Beruf bzw. zu dessen Ersatz. Fast möchte man mit dem Kirchenvater Augustinus resignierend fragen: „Sag mir, ich bitte dich, wo wollen wir denn hin mit allen unseren Anstrengungen? Was suchen wir?"

Vielleicht wäre ja die Flucht hinter Klostermauern eine Alternative, dem Lernzwang zu entkommen. Aber auch dort wird fleißig am Zeitgeist gearbeitet. Die Orte des Betens werden zu Kathedralen des Lernens, die Oasen der Stille zu kundenorientierten und umtriebigen Bildungszentren mit Umweltlabor und Internet-Café. Dazu passt die Schilderung folgender Begebenheit:

Ein in vormodernem Geist aufgewachsener Mönch – wahrscheinlich ein Franziskaner – sucht Anschluss an solch postmoderne Entwicklungen um ihn herum. Dies nicht unbedingt freiwillig, vielmehr genötigt durch den dezenten Hinweis seines Abtes, doch einmal zu prüfen, ob man das Kloster durch Bildungsveranstaltungen nicht etwas stärker an den marktwirtschaftlichen Trend ankoppeln könne. Inspiriert von diesem Gedanken bittet der Franziskaner bei der vatikanischen Glaubenskongregation um eine Antwort auf die ihn verunsichernde Frage: Darf man denn beim Beten lernen? Die Antwort, die zu erwarten war, heißt „Nein".

Etwa zur gleichen Zeit fragt ein im Lerngeschäft überaus erfolgreicher Jesuit, geplagt von einigen Zweifeln, ob sich seine Lehrtätigkeit mit den Regeln seinen Ordens vereinbaren ließe, ebenso bei der vatikanischen Glaubenskongregation an. Ihn jedoch beschäftigt die leicht modifizierte Frage: Darf man beim Lernen beten? Die Antwort: Selbstverständlich „Ja".

Auch daraus wiederum kann man lernen. Und zwar Folgendes: Entscheidend im Leben sind die Fragen, die Antworten sind immer nur eine Konsequenz! Stimmt das? Oder habe ich da etwa das Falsche gelernt?

Trost für alle, die einstmals von der Schule flogen!

Die Erfindung des Spiels

RAINER BULAND

Wesenszüge und geschichtlicher Überblick

Um die Bedeutung einer Sache richtig zu erfassen, gibt es grundsätzlich zwei wissenschaftliche Vorgehensweisen: Eine analytische, die den Gegenstand oder den Sachverhalt in einzelne Teile zerlegt und das Gesamte aus dem Zusammenwirken der Einzelteile erklären will; und eine historisch hermeneutische Vorgehensweise, die zunächst die Erscheinungen in ihren verschiedensten Ausprägungen beschreibt, um eine Deutung anzuschließen. Ein historischer Überblick über 5000 Jahre Kulturgeschichte des Spiels zu bieten ist genauso unmöglich wie eine Musikgeschichte in einer Stunde oder auf einigen Seiten. Sie ist jedoch genauso wichtig, um einen Eindruck von der Reichhaltigkeit einer Kulturerscheinung zu bekommen.

Die Auswahl einzelner Beispiele ist weder objektiv noch subjektiv, sondern es sind Bücher und Graphiken, die im Besitz der Spielforschung an der Universität Mozarteum Salzburg sind. Dies bildet das Basismaterial des vorliegenden Artikels.

Bei jeder Auswahl im Themenbereich Spiel lautet die entscheidende Frage: Was wollen wir unter „Spiel" verstehen?

Wir leiden im Deutschen unter dieser unsäglichen Sprachverengung, die für so unterschiedliche Erscheinungen wie das Spielen von Kindern an einem Bach und das Setzen von Geld in einem Casino bloß ein Wort kennt. Das Englische ist hier schon präziser, wenn es zwischen „playing" und „gambling" unterscheidet. Eine Kulturgeschichte des Spiels wäre einem englischsprachigen Leser schwer zu vermitteln, wüsste er doch nicht, was „playing, acting, gaming" und „gambling" miteinander zu tun hätten.

Zu dieser Schwierigkeit kommt noch eine weitere hinzu, nämlich die für beide Seiten geradezu verheerende Verbindung von „Kinder" und „Spiel". Fast alles, was Kinder tun, wird als Spiel deklassiert. Wenn dieselbe Tätigkeit von Erwachsenen betrieben wird, wird von Sport, von Gruppenübungen oder von Theater gesprochen. Andersherum ist die erste Assoziation, die einem Deutsch Sprechenden zum Wort „Spiel" einfällt, „Kinderspiel", zumeist noch dazu das allerdümmste aller dummen Brettspiele, das so genannte „Mensch-ärgere-dich-nicht".

Was ist Spiel?

Bevor wir uns der Kulturgeschichte des Spiels zuwenden, ein kleiner analytischer Blick:

Es gibt keine Definition von Spiel. Es gibt lediglich Klassen oder Typen von Handlungen, die wir als „Spiel" bezeichnen. So steht schon in der *Encyclopaedia Britannica* unter dem Stichwort „Play" sehr richtig:

Types of behavior regarded as play.
They are descriptive rather than analytical;
and they cannot be used as explanations (…).

Gibt es gemeinsame Merkmale für diejenigen Typen von Handlungen, die wir als „Spiel" bezeichnen? In dieser Frage hat die Spielforschung noch zu keinem Konsens gefunden. Unterschiedliche Forscher nennen sehr unterschiedliche Merkmale, je nach Ausrichtung ihrer Forschungen. Nach 10 Jahren Spielforschung denke ich doch, einige Merkmale herauskristallisiert zu haben, die mehrheitlich Zustimmung finden werden.
Spiel ist eine Interaktion,
- auf die sich zwei oder mehr Mitspieler geeinigt haben,
- die aus einer Offenheit heraus,
- und in eine Freiheit hinein,
- in den Bahnen bestimmter, für alle gleicher Regeln
- und unter Einbeziehung des Zufalls sich vollzieht.

Ich möchte dies ein wenig entfalten:

Interaktion: Spiel ist etwas, das sich zwischen Mitspielern abspielt. Selbst bei Solitär-Spielen, also Spiele, die der Spieler mit sich selbst spielt, wird der Zufall, das Rätsel oder die Denkaufgabe zum Mitspieler erkoren. Damit ist auch klar, dass Knobeleien und Puzzles nicht eigentlich Spiele sind.

Einigung: Die Mitspieler müssen sich freiwillig auf dieses Spiel geeinigt haben, und eben darauf, dass dies nicht ernst gemeint ist. Selbst bei Säugetieren finden wir spielende Interaktionen, wenn z. B. junge Wölfe raufen und toben und eine Jagd spielen. Dies ist so lange ein Spiel, als sich alle Mitspieler über die Nicht-Ernsthaftigkeit des Angriffes einig sind. Wie leicht aus turbulentem Spiel eine echte Rauferei werden kann, hat jeder schon einmal erlebt oder beobachtet. Der Moment des Übergangs lässt sich bei genauer Beobachtung meist exakt bestimmen.

Offenheit: Der Mitspieler muss fähig und willens sein, sich dem Spielgeschehen gegenüber aufzuschließen. Er muss also die Möglichkeiten und Fähigkeiten zum Spiel mitbringen oder sich erwerben. Um dies in der einfachsten und deutlichsten Form zu zeigen: In der Evolutionsgeschichte tritt das Spiel erst mit den Säugetieren auf. Ameisen können nicht spielen, weil ihr Verhaltensprogramm derart festgelegt ist, dass keine individuellen Freiräume bestehen. Sie verfügen über keine Offenheit für das Spiel. Zwei Ameisen können nicht auf die Idee kommen, sich Sandkörner zuzuwerfen. Und Ameisen können auch nicht zwei Teams bilden, die in Abwandlung von Völkerball Ameisenball spielen. Ihr Verhaltensprogramm gibt ihnen diese Offenheit, diese Möglichkeit nicht. Erst die Säugetiere haben, über ihre Reflexe und Instinkte hinaus, genug Offenheit für ein experimentelles, spielerisches Verhalten zur Welt. Dies hängt mit der Ausbildung eines wesentlich komplexeren Zentralnervensystems zusammen.

Andererseits müssen sie dies auch tun. Sie müssen spielen, experimentieren, sich und die Welt über Versuch und Irrtum erproben. Die angeborenen Verhaltensweisen sind für das Überleben nicht ausreichend. Sie müssen lernen, und der Königsweg des Lernens ist das Spiel.

Freiheit: Der Mitspieler verfügt über eine bestimmte Freiheit seiner Entscheidung. Diese Entscheidungsfreiheit kann sein, einen ganz bestimmten Zug zu machen, einen so oder so hohen Einsatz auf diese oder jene Zahl zu setzen oder auch die Freiheit, eine Rolle so oder anders zu gestalten.

Regeln: Dies ist ein sehr zentraler Punkt, werden doch die meisten Spiele über ihre Regeln beschrieben. Die Regeln können innerhalb des Spiels nicht verhandelt und nicht verändert werden, und sie sind für alle Mitspieler gleich. Die Regeln schaffen eine ganz bestimmte Ordnung oder Bahnen der Interaktionen.

Die Regeln geben dem Spieler einen bestimmten Entscheidungsfreiraum vor. Innerhalb dieses Freiraumes kann der Spieler mit den anderen Spielern interagieren. Aufgrund der Tatsache, dass bei vielen Spielen manche Entscheidungen für den Spieler günstiger sind, andere ungünstiger, werden die günstigeren Entscheidungsmöglichkeiten bevorzugt werden – eine Strategie entsteht. Besonders bei kompetitiven Spielen, also wenn die Spieler gegeneinander spielen, wie beim Schach, entsteht eine Vielzahl von Strategien.

Zufall: In sehr vielen Spielen spielt der Zufall eine nicht zu übersehende Rolle. Er ist der eigentliche Grund für die Lebendigkeit des Spielgeschehens. Aber auch bei reinen Strategie-Spielen, die sich gegen den Zufall verwahren würden, wie dem Schach, hat der Zufall in Form von Fehlern einen größeren Anteil am Geschehen, als meist zugegeben wird.

Aus dem Zusammenwirken von Entscheidungen des Spielers, den Regeln und dem Zufall entwickelt sich eine Eigendynamik, die dem Spieler mitspielt. Dadurch ist der Satz gerechtfertigt: Nicht nur der Spieler spielt das Spiel, sondern auch das Spiel spielt den Spieler.

So weit die kurze Analyse, die uns das Besondere am Spiel gewahr werden lässt.

Eine kurze Kulturgeschichte des Spiels

Mit der Bezeichnung des Spiels als Kulturgut habe ich schon alle Spielformen der Säugetiere, einschließlich der Funktionsspiele (das sind jene Spiele von Babys und Kleinkindern, bei denen es lediglich um das Funktionieren eines Handlungsablaufes geht, wie z. B. Rasseln oder einen Ball werfen) der Menschen, übersprungen und komme gleich zu jenen Spielen, die wohl zeitgleich mit dem Aufkommen des Menschen entstanden sind: **Die Als-ob-Spiele.**

Mittels der Sprache wurde es dem Menschen erstmals möglich, so zu tun als ob. Es wird möglich, jemand anderer zu sein, oder genauer gesagt, jemanden anderen zu spielen.

Von Walen wissen wir, dass sie funktional und explorativ spielen wie menschliche Säuglinge. Sie verfügen auch über eine hochkomplexe Kommunikation, die wir durchaus als Sprache bezeichnen können. Ich habe aber noch nie von einem Wal gehört, der Haifisch gespielt hätte.

Ein Als-ob-Spiel geht wesentlich über eine einfache Nachahmung hinaus. Nachahmen können viele Tiere und Vögel. Der Star z.B. kann viele Geräusche nachahmen. Ein Als-ob-Spiel, und später das Rollenspiel sind jedoch nicht bloß Nachahmung des Gehörten oder Gesehenen, sondern immer auch – wie dies der zu wenig bekannte Friedrich Jünger ausgedrückt hatte – eine Vorahmung:

> *Ahmung ist der weiteste Begriff, den wir mit dem Spiel*
> *verbinden können, weiter als Zufall und Geschicklichkeit. (…)*
> *Betrachten wir ein kleines Mädchen, das mit einer Puppe spielt, (…).*
> *Die Nachahmung ist zugleich Vorahmung. Wir können zwar sagen,*
> *daß das Mädchen in seinem Spiel lauter Handlungen von Erwachsenen*
> *nachahmt, von Müttern, die ein Kind haben, doch bleibt eine solche*
> *Bestimmung einseitig. Das Mädchen würde mit der Puppe nicht spielen,*
> *wenn sein Spiel auf die bloße Nachahmung beschränkt bliebe.*
> *Es ahmt nicht nur nach, sondern auch vor. Es tut in der*
> *Gegenwart etwas spielend, was in der Zukunft nicht*
> *als Spiel getan wird. (Jünger, 50)*

Kinder, die Vater-Mutter-Kind spielen, ahmen also die Erwachsenen nach, aber gleichzeitig ahmen sie sich selbst voraus, hinein in eine Welt, die einmal die ihre sein wird.

Mit dem Als-ob-Spiel der Menschenkinder begann das Schauspiel, begann das heilige Schauspiel in archaischen Ritualen, bei denen eine ausgewählte Zahl von Personen, vielfach Schamanen genannt, in Felle gekleidet Tiere und Geister nachahmen und bestimmte Geschehen vorausahmen und zu beeinflussen suchen.

Wenn von Felszeichnungen abgesehen wird, sind die kulturgeschichtlichen Zeugnisse dieser Spielform lediglich neueren Datums. Die Kulturgeschichte der Als-ob-Spiele, die menschheitsgeschichtlich und in der Biographie jedes einzelnen Menschen zu den ältesten Spielformen gehören, würde Bände füllen, bis hin zu Schauspiel, bis hin zu bestimmten spielerischen rituellen Handlungen der Alltagskultur.

Eng damit verbunden ist der Versuch, die Welt der Ahnen und Geister zu erforschen und sie günstig zu stimmen. Ein Hilfsmittel dazu sind die **Orakel-Spiele**.

Der Brockhaus vermerkt unter dem Stichwort „Orakel": „Dies kann in verschiedenen Arten, vom Deuten einfacher, zufälliger Zeichen bis hin zum gesuchten methodischen Aufdecken oder Losen, angegangen werden."

In den ursprünglichen Jäger- und Sammlerkulturen sind einfache Buchenstäbchen oder Tierknochen zu Orakelzwecken benutzt worden. Wir sind hier auf Vermutungen angewiesen, und so schreibt Günther Bauer in seinem Vorwort zu dem Katalog *Wahrsagespiele, Los- und Orakelbücher aus fünf Jahrhunderten*:

> *Die Menschen dieser Erde wollten bereits vor 5000–10 000 Jahren*
> *aus dem Wurf und Fall seltsam geformter Knöchelchen, genau*
> *abgezählter Stäbchen, schimmernder Steine und kugelrunder Samen*
> *den zukünftigen Verlauf ihres Lebens erfahren, (...). Also „befragten"*
> *ausgewählte alte Frauen und Männer den Himmel und die Sterne,*
> *aber auch Erze und Kristalle, Würfel und Kugeln, Münzen und*
> *Muscheln und erst viel, viel später auch Losbücher*
> *und Spielkarten. (Bauer, 5)*

Wir haben hier keinen Raum für Spekulationen über die Frühgeschichte der Orakelspiele. Aus der reichhaltigen Geschichte dieser Spielform seien bloß zwei Meilensteine herausgegriffen.

Das älteste und zugleich erfolgreichste Losbuch stammt von Lorenzo Spirito und wurde schon 1482 gedruckt, siehe Zollinger Nr. 413: „Lorenzo Spirito, eigentlich L. Gualtieri (1425–1496), stand in öffentlichen Diensten Perugias und war 1472 Bürgermeister von Tolentino." Manfred Zollinger schreibt dazu in seiner Einleitung:

> *Mehr als die Hälfte dieser Losbücher ist vor 1600 erschienen,*
> *und diese Zahl ist zum Großteil auf das Erfolgsbuch dieser Gattung,*
> *Lorenzo Spiritos „Sorte" (1482), zurückzuführen. 42 Ausgaben*
> *sind im 15. und 16. Jahrhundert nachzuweisen, (...).*
> *Von der großen Beliebtheit auch im deutschsprachigen Raum*
> *zeugt ein schon 1483 in Nürnberg gedrucktes Würfellosbuch.*
> *Nichts aber verdeutlicht die Verbreitung und Beliebtheit*
> *dieser Bücher besser als jene Losbücher, die mit religiösen*
> *Symbolen und Themen ernsthaft gegen ihre spielerischen*
> *Rivalen antreten wollten. (Zollinger, XXI)*

Wie ging nun dieses Losen vor sich? Neben dem Buch waren Würfel oder Spielkarten notwendig. Detlef Hoffmann beschreibt dies so:

Das früheste Zeugnis dafür, dass man Spielkarten
zum Wahrsagen verwandt hat,
ist das Mainzer Kartenlosbuch. (...)
Das Mainzer Kartenlosbuch, (...) 1487,
zeigt auf dem äußersten Drittel der Seite jeweils vier Kartenbilder
und auf den inneren zwei Dritteln den deutenden Spruch.
Aus einem Kartenspiel zog man ein Blatt,
beispielsweise den Herz-König,
und schlug dann in dem Buch nach,
was die Zukunft bringen wird. (Hoffmann, 13 f.)

Der Genauigkeit halber muss hinzugefügt werden, dass die Datierung des Mainzer Losbuches nicht gesichert ist. Im Zollinger ist es unter 1487 nicht zu finden.

Die heute in esoterischen Kreisen populärsten Karten dürfen nicht unerwähnt bleiben: der **Tarot**. Das Kartenspiel gab es schon Jahrhunderte, bevor es für esoterische Zwecke richtiggehend entdeckt wurde. Sehr treffend bemerkt Cynthia Giles, die das wohl fundierteste Werk neuer Zeit geschrieben hat:

So bleiben also der Ursprung des Wortes „Tarot" im Ungewissen,
ebenso wie der Ursprung des Spiels selbst. Historisch nachweisbar ist die
Existenz des Tarot erst ab 1442, als erstmals in einem Rechnungsbuch
des Hofes von Ferrara „Trumpfkarten" erwähnt werden.
Die ältesten noch vorhandenen Exemplare von Trumpfkarten
stammen etwa aus derselben Zeit und Gegend. (Giles, 23)

Diese ursprünglichen Karten hatten nichts mit irgendwelchen ägyptischen Symbolen zu tun, und sie wurden ausschließlich zum Tarockieren verwendet.

So wenig man über die historischen Ursprünge des Tarot weiß,
so gut weiß man über die „Erfindung" bzw. „Entdeckung"
– je nach Betrachtungsweise –
des Tarot als esoterisches Instrument Bescheid. (Giles, 49)

Ab etwa 1700 geriet nämlich das Tarockspiel mehr und mehr in Vergessenheit.

1726 wurde in einigen Teilen Europas zwar noch Tarock gespielt,
doch wurde es in einem französischen Spielbuch zu diesem Zeitpunkt
als „veraltet" bezeichnet. Als daher im Jahre 1775
Antoine Court de Gébelin, protestantischer Geistlicher,
Freimaurer und Privatgelehrter, einem Besucher aus
„Deutschland oder der Schweiz" beim Tarockspielen zusah,
waren die Karten schon längst kein
beliebtes und bekanntes Spiel mehr. (...)
Soweit wir wissen,
war dies die Geburtsstunde des
uns heute so vertrauten Gedankens, dass der Tarot ein
esoterisches und divinatorisches Instrument ist.
Court de Gébelin, der sich intensiv mit Mythologie, Archäologie und
Sprachen beschäftigt hatte, war sofort vom Tarot fasziniert
und kam zu dem Schluss, dass er ein altägyptisches „Buch" sei,
in dem das sagenhafte Wissen dieser versunkenen Kultur
in symbolischer Form aufbewahrt sei. (Giles, 49 f.)
Er arbeitete diese Ideen in einem Essay mit dem Titel
Le Jeu des Cartes aus, der 1781 in seiner neunbändigen Abhandlung
Le Monde Primitif veröffentlicht wurde. (...)
Court de Gébelins intuitive Interpretation der Tarotbilder
war absolut richtig, auch wenn seine Annahme eines
ägyptischen Ursprungs mit ziemlicher Sicherheit
ebenso falsch war. (Giles, 54)

Wir müssen leider die Geschichte des Tarot verlassen, und wir kommen zur nächsten Station unserer Reise: **die Brettspiele**. Es mag uns erstaunlich erscheinen, aber die Brettspiele sind wahrscheinlich aus den Orakelspielen entstanden, weshalb auch der Brockhaus unter dem Stichwort „Orakel" sehr richtig vermerkt: „Auch das Brettspiel diente ursprünglich wohl dem Orakel."

Die ersten kulturgeschichtlichen Zeugnisse von Brettspielen sind knapp 5000 Jahre alt. Es handelt sich unter anderem um das berühmte Spielbrett aus den Königsgräbern von Ur, das jetzt im Londoner British Museum liegt. Im Katalog zur Ausstellung „5000 Jahre Würfelspiel", die das Institut für Spielforschung 1999 veranstaltet hat und bei der ein Replikat des Spieles von Ur ausgestellt war, schreibt Manfred Oberlechner unter Katalog Nr. 1:

Replikat des Spieles von Ur, um 2560 v. Chr.

Die vier Spielbretter, die Sir Leonard Wooley (1880–1960)
in den Königsgräbern von Ur in Mesopotamien,
dem heutigen Südirak, entdeckte,
werden auf die Zeit um 2560 v. Chr. datiert.
Man fand dazu sieben passende, weiße und schwarze Spielsteine,
daneben sechs pyramidale Würfel (...).
Die Oberfläche der Spielbretter ist mit einer Pechschicht bedeckt,
auf ihr haften Muschelstückchen. Diese Muscheln bilden die Spielfelder (...).
Es gewann derjenige, der die eigenen Spielfiguren als erster über
eine bestimmte Strecke auf dem Spielbrett führte.

Einen Höhepunkt erlebte das Brettspiel dann in der Barockzeit. Die be-
liebtesten Spiele waren das Gänsespiel und das Eulenspiel. Auf diese beiden
muss in aller Kürze eingegangen werden.

Barbara Holländer schreibt über das *Gänsespiel*:

Ein Lieblingsspiel des 17. und 18. Jahrhunderts war das Gänsespiel
(jeu de l'oie, gioco dell'oca). (...)
Der Spielplan stellt einen Spiralweg dar,
den man als einen Weg ins Zentrum durch das Labyrinth
des Lebens begreifen kann. (Holländer, 32)

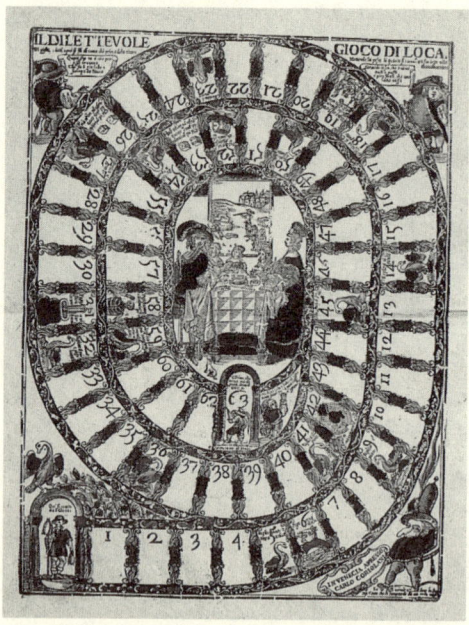

Italienisches Gänsespiel,
Venedig, um 1660

Ein typisches Beispiel dieses Spieles, das mit zwei Würfeln und einer Spielfigur gespielt wird, ist das „Il dilettevole gioco di l'oca", Venedig, um 1660, von dem das Institut für Spielforschung ein Faksimile besitzt. Manfred Oberlechner schreibt in dem von ihm betreuten Katalogteil unter Nr. 65:

Im Das Zeit kürtzende Lust- und Spiel-Hauß von
Eberhard Welper findet sich eine
Hasard-Spielregel zum Gänsespiel
um das Jahr 1690: ‚(…) Wer das Wirthshaus trifft,
muß ein Satz einlegen.
Wer den Springbrunnen 31 trifft, muß auch ein Satz einlegen.
Wer den Garten 42 trifft, muß 2 Satz einlegen.
Bey einer Gans zehl noch so weit. Wer den Thurm 52 trifft,
muß 3 Satz einlegen, sich damit auslösen.
Wer 58 trifft, hat alle seine Wurf verlohren, muß ein Satz einlegen
und wieder von vornen anfangen.
Wer aber 63 trifft, der hat das ganze Spiel gewonnen, (…).

Auf Feld 58 von barocken Gänsespielen war immer der Tod dargestellt. Wer auf dieses Feld kam, musste an den Anfang zurück. Warum genau Feld 58?

Das Gänsespiel ist also in moderner Terminologie ein Spirallaufspiel mit Ereignisfeldern, das durch Einsätze zu einem Hasardspiel werden kann. Die Gans tritt dabei als Glückssymbol auf, darf der Spieler doch die gewürfelte Augenzahl nochmals ziehen.

Noch ein kleiner Nebenaspekt, der uns heute nicht mehr so geläufig ist. Die Menschen der Barockzeit liebten es, mit Zahlensymbolik zu spielen. Der Tod, der die Spielfigur an den Anfang zurückwirft, muss für einen Barockmenschen auf Feld 58 stehen. Warum? Weil die Ziffernsumme 13 beträgt, und die 13 war immer schon die Unglück verheißende Zahl schlechthin. Und in dem ganzen Spiel kommt die Ziffernsumme 13 erstaunlicher Weise lediglich zwei Mal vor, bei 49 und eben 58. Dass hier das spätere Feld, näher dem Ziel, als Unglücksfeld ausgewählt wurde, ist boshaft und insofern verständlich.

Eine entzückende französische Gänsespiel-Variante möchte ich hier nicht vorenthalten, das „Jeu de l'Amour et de l'Himenée"; Frankreich, um 1790.

Der Spielverlauf zeigt alle Stationen einer Liebesbeziehung. Dies beginnt mit „Le Calme", also jenem beneidenswertem Zustand, wenn wir friedlich und

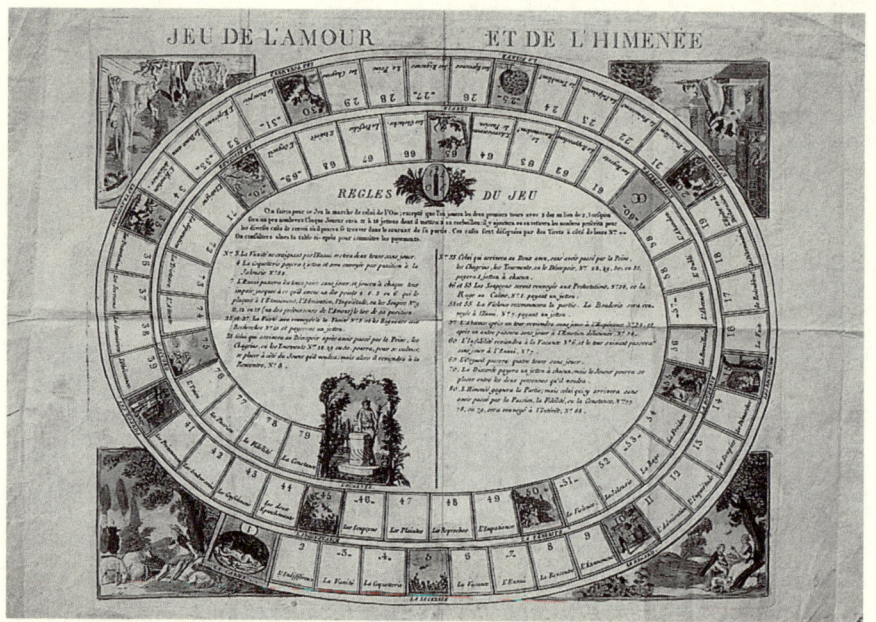

Gänsespiel-Variante: Jeu de l'Amour et de l'Himenée, Spiel der Liebe und der Ehe. Frankreich, um 1790

zufrieden in uns ruhen, wie ein schlafendes Baby. Daher auch die Leichtigkeit, „La Légèreté" (Feld 5), im Leben, die uns Anmut verleiht. Und plötzlich, beim ersten Anblick einer Frau, „Le Regard" (Feld 10), ist es um unseren Seelenfrieden geschehen. Der Gegenstand unserer Bewunderung, „L'Admiration" (11), stürzt uns in Unruhe, „L'Inquiétude" (12); Seufzer, „Les Soupirs" (13), entringen sich unserer Brust; wir ergreifen Maßnahmen, „Les Démarches" (14), um das geliebte Objekt möglichst bald wiederzusehen. Nachforschungen, „Les Recherches" (15), werden angestellt, Ausflüchte werden gebraucht, bis auf Feld 20, „L'Abord", das erreicht wird, was im Lexikon so schön übersetzt wird mit „Landungsmöglichkeit". Nun beginnt der ganz normale Wahnsinn der Liebe, mit den uns auch heute noch bekannten Erscheinungen: „La Palpitation" (23), krampfhaftes Zucken, auch Herzklopfen genannt, und Zittern, „Le Tremblement" (24), mit Leid, „La Peine" (28), und mit Kummer, „Les Chagrins" (29), bis hin zu unerträglichen seelischen Qualen, „Les Tourments" (30). Auf der anderen Seite – und das ist ja das Verhängnisvolle der ganzen

Sache – steht die ganze Skala der „L'Emotion délicieuse" (34) (unübersetzbar, aber an sich verständlich). Und weil dieser unsichere Zustand unerträglich ist, wird versucht die Liebe zu sichern, werden Eide geschworen, „Les Serments" (37), und Treueschwüre geleistet, „L'Obéissance" (39), was eigentlich mit Gehorsamsschwur zu übersetzen wäre. Es wird darum gekämpft, wer wen unterwirft, „La Soumission" (38), es werden Intrigen gesponnen, „L'Intrigue" (71), und so weiter und so fort. Die ganzen Felder dieses Spieles nacherzählt ergäben einen veritablen Liebesroman. Und alles endet im Hafen der Ehe, „L'Himenée" (80), und wie im Leben auch, ist sodann das Spiel zu Ende.

In der Geschichte des Gänsespiels können wir sehr schön verfolgen, wie Humanisten und Pädagogen versucht haben, dieses Spiel dem Zirkel der Glücksspieler zu entreißen und es zu einem Kinderspiel zu machen. Den Trick, den sie dabei angewandt haben: sie machten daraus ein Lernspiel. Dieses Thema wird uns später noch beschäftigen. Barbara Holländer schreibt:

> *Die Form der Spirale und der Stationen hat in der Folge*
> *zu einer Fülle von didaktischen Spielen geführt, in denen historische*
> *und geographische Themen behandelt werden. (...) Wie bei allen*
> *Glücksspielen zeigt sich auch hier die Tendenz, sie zu erzieherischen*
> *(Kinder)Spielen umzudeuten und ihnen damit soziale Akzeptanz zu*
> *verschaffen. (Holländer, 34).*

Bevor wir jedoch zu den Kinder- und Lernspielen kommen, sei noch das andere beliebte Spiel des Barock vorgestellt: **das Eulenspiel.**

Einer der ältesten Eulenspielpläne ist das „Il nuovo gioco del pela il cihiv", Florenz um 1590. Das Eulenspiel ist ein reines Glücksspiel, das mit drei Würfeln gespielt wird. Es geht folgendermaßen vor sich: Am Beginn wird von jedem Mitspieler ein Grundeinsatz in die Mitte gelegt. Anschließend wird reihum gewürfelt. Die gewürfelte Augenzahl wird am Spielplan gesucht. Steht dort ein „T", so darf die angegebene Zahl aus der Mitte genommen werden. Wirft z. B. jemand 3–3–2, dann findet er im inneren Kreis diese Kombination, und dabei steht „T.1". Er darf ein Jeton, oder worum gespielt wird, aus der Mitte nehmen. Wirft er allerdings 2–4–5, so wird für ihn im äußeren Kreis jenes Feld wirksam, auf dem „P.2" steht, er muss 2 Jetons in die Mitte einzahlen. Bei drei gleichen Augenzahlen, also einem Pasch, bekommt er „la meta", die Hälfte. Wirft er allerdings drei Sechsen, bekommt er alles, einschließlich der Ehre, und ein neues Spiel beginnt mit dem Grundeinsatz.

*Italienisches Eulenspiel,
Florenz, um 1590*

Mit dem Eulenspiel sind wir mitten in der Welt der **Glücksspiele**.

Unser deutsches Wort „Glücksspiel" ist dabei nicht sehr zutreffend, weil es lediglich einen sozialen Vorgang nach dem Spiel wiedergibt, nämlich die Verteilung des Einsatzes. Über das Spiel selbst, ob es denn mit Würfeln oder Karten gespielt wird, ob es sich um ein Roulette handelt oder gar einen Automaten, wird keine Aussage gemacht. Und das Glück des Gewinns ist ja nur die eine Hälfte. Mit gleichem, oder sogar mehr Recht, könnten sie Pechspiele genannt werden, denn immer ist die Gruppe derjenigen, die Pech haben, größer als die Gruppe der Glückspilze.

Die Glücksspiele konnten naturgemäß erst dann entstehen, als aus dem gemeinsamen Eigentum ein individueller Besitz, welcher Art auch immer, geworden war. Der Zufall wurde aufgerufen, zu entscheiden, welcher Besitz den Besitzer wechseln sollte. Manchmal wurde um das Letzte gespielt, das uns zu Eigen gegeben ist, unser Leben, wie in der *Encyclopaedia Britannica* unter „gambling" zu lesen ist:

> *Tacitus remarked that the Teutons*
> *(‚without the excuse of liquor')*
> *gambled themselves into slavery.*

Wahrscheinlich wegen der enormen Bedeutung der Entscheidung bekommt das Glücksspiel ein Naheverhältnis zur Religion und vor allem zum Aberglauben. Auch heute noch hängen Spieler allem möglichen Aberglauben an. In der *Encyclopaedia Britannica* lesen wir über die frühen Formen des Glücksspiels:

> *Great emotional response,*
> *as of religious fervour or superstitious fear,*
> *marks the behaviour of the participants*
> *in these primitive people's games.*
> *The identification of gambling with religion*
> *is invariable in primitive*
> *societies. (...) The earliest designs of dice*
> *and playing cards have been*
> *convincingly related to contemporary divinatory devices.*
> *The games of the Germans were probably inspired by their trials,*
> *which were grounded on belief in divine*
> *intercession in matters of chance.*

Im alten Testament wurde die Verteilung von Land an die einzelnen Stämme durch das Werfen von Losen entschieden – die wohl einzig gerechte Art und Weise, dies zu tun –, wie in Josua 18,8 geschrieben steht:

> *Die Männer machten sich auf und zogen davon,*
> *Josua gab ihnen beim Ausziehen die Weisung,*
> *das Land schriftlich aufzunehmen, und sprach:*
> *„Geht hin, wandert im Lande umher, nehmt es schriftlich*
> *auf und kehrt wieder zu mir zurück, so will ich euch dann*
> *hier vor dem Angesicht des Herrn (...) das Los werfen."*

Erst viel später wurde das Losen zu einem richtigen Geschäft und wurde zur Lotterie. Alberto Fiorin schreibt über die Anfänge des Lottos:

Die Geburt des Lottos geht auf das Jahr 1522 zurück.
Die exakten Tagebuchaufzeichnungen des Chronisten Marin Sanudo
stellen aufschlußreiche Zeugnisse der Spieltechnik dar und
beschreiben auch den sozialen Aspekt
sowie die Entwicklung des Spiels.
In Venedig taucht das Spiel erstmals 1522 im Bezirk S. Polo,
genauer gesagt auf dem Rialto, auf. (...)
Das Spiel läuft täglich wie folgt ab: der Spieler zahlt ein
und schreibt seinen Namen auf ein Stück Papier.
Die Ziehung erfolgt aus zwei Säcken und wird von einem Kind
in einem Lokal durchgeführt.
In einem Sack befinden sich die gekauften Scheine,
im anderen Sack befindet sich die gleiche Anzahl von Losen.
Die Ziehung erfolgt zuerst aus dem ersten und unmittelbar
danach aus dem zweiten Sack. Wenn ein Preis gezogen wird,
geht er sofort an den Besitzer. Im Fall des Verlustes heißt es
„pazienza" (Geduld). Der erste, hoch dotierte Preis beläuft sich
auf 1000 Dukaten und wird bald auf 1500 erhöht.
Zu den Preisen zählen ferner Seiden- und Wolltücher, Bilder,
Silberwaren, Perlen, Rosenkränze aus grauem Bernstein, kostbare Steine,
(auch lebende) Affen, Pferde etc.
Das Lotto findet innerhalb weniger Tage eine enorme Verbreitung,
die Zahl der spielenden Personen wächst rapid an.
In der unmittelbaren Umgebung der Spielorte wird die Arbeit niedergelegt,
die Gassen quellen von Menschen über. (Fiorin, 126 f.)

In kurzer Zeit trat das Lotto einen wahren Siegeszug durch Europa an, worauf ein Kupferstich aus den Karikaturen des John-Law-Skandals, 1720, durchaus kritisch hinweist. Der Wagen der Glücksgöttin wird durch die Lande gezogen. Fortuna selbst, eine nackte Schönheit mit langem wallendem Haar, mit Hermes-Flügeln an ihren Füßen, die kaum den Wagen berühren, streut die Gewinne aus. Hinter der dunklen Wolke vor ihr schaut der Teufel hervor und bläst Seifenblasen, Sinnbild der Vergeblichkeit und Vergänglichkeit, über die Szene.

Karikatur des John-Law-Skandals, 1720. Der Wagen der Glücksgöttin
Fortuna rollt über Europa hinweg und schlägt alle Menschen in ihren Bann.

Ein interessantes menschliches Phänomen ist damit verbunden: Das 17. und vor allem das 18. Jahrhundert waren gleichzeitig von einem geradezu irrationalen Lottofieber befallen, und ein Rationalismus wurde entwickelt, der unter dem Namen „Aufklärung" bedeutsam wurde. Dieser Rationalismus berechnete und entlarvte den Zufall durch und in der Wahrscheinlichkeitsrechnung und beraubte ihn damit jeder göttlichen oder fatalistischen Konnotation. Und dennoch, oder gerade deswegen, nahm die Spielleidenschaft nicht ab, sondern steigerte sich im Gegenteil in bisher ungeahnter Weise. Diesem seltsamen Zusammenhang ist Thomas Kavanagh nachgegangen. Er hat eine These der gegenseitigen Bedingung ausgearbeitet, ein „subtiles Spiel von Licht und Schatten":

> *Our metaphors for that period – the Enlightment, l'age de lumière,*
> *die Aufklärung – suggest that no matter how brilliant the illumination,*
> *certain shadows were inevitably intensified. These shadows were*
> *themselves evidence of a stubborn resistance to and refraction of the*

all-piercing powers of the illuminating source. My argument is that these
shadows are not a meaningless defiance of the light but a nuanced
variety of intensities telling us something that would otherwise remain
unknown about both a reality unamenable to reason and the limits
of the enlightment source. This subtle play of light and shadow lends
to the terrain an otherwise absent relief adumbrating a new understanding,
without which we would behold only the flatly illuminated plane of
apparently obvious truth. (Kavanagh, 3 f.)

Ein Aspekt dieses Spiels von Licht und Schatten sind die *Spielverbote*. Kirchliche und weltliche Macht, ohnehin eng verzahnt, haben das Glücksspiel verboten und verteufelt. Über die ältesten Spielverbote schreibt Thierry Depaulis:

Das älteste bekannte Gesetz gegen Glücksspiele in Frankreich
ist das Werk Ludwig IX (1226–1270)
und Teil einer wichtigen Verordnung von 1254,
die auf eine „Erneuerung der Sitten" abzielte
und neben anderen unmoralischen Verhaltensweisen auch
Würfelspiele, Hasardspiele und
Schach verbot. (Depaulis, 33)

Im selben Jahr findet sich auch in Italien bereits ein Spielverbot. Dieses wurde jedoch nicht einfach auf Pergament geschrieben, sondern „in Marmor gehauen und an der Außenfront vieler Kirchen und Klöster in Venedig angebracht", wie Alberto Fiorin schrieb. Über das älteste Zeugnis schreibt er: „Das erste Spielverbot, ein Würfelspielverbot unter den Bogengängen der Basilika von San Marco, ist mit dem 23. September 1254 datiert." (Fiorin, *Spielverbote*, 54)

Häufig wurde als Begründung für ein Spielverbot angegeben, es führe zu „gotteslästerlichem Fluchen". Wie Manfred Zollinger über die früheste Wiener Satzung zum Spiel, erlassen 1296 von Herzog Albrecht I., schreibt:

Die Begründung des Verbots mit Gotteslästerung verwundert
im mittelalterlichen Kontext nicht,
bleibt aber bis ins späte 18. Jahrhundert
fester Bestandteil fast aller Spielverbote. Der Zusammenhang von
gotteslästerlichem Fluchen und Spiel ist ein Stereotyp mit realen
Dimensionen. (Zollinger, Spielverbote, *14)*

Die Spielverbote und die Verteufelung des Spiels hatten über die Jahrhunderte eine gesellschaftlich prägende Wirkung. Um den Anfängen des Glücksspiels zu wehren, wurde das Spiel gleich in seiner Gesamtheit verteufelt.

Von daher stammt das schlechte Gewissen, wenn nicht jede Minute mit Arbeit ausgefüllt ist. Wir glauben heute noch, das Spiel stehe der Arbeit gegenüber. Bezeichnenderweise verteidigen wir nie die Arbeit. Diese scheint uns so unmittelbar sinnvoll, dass wir über den Gedanken, die Arbeit gegen den Vorwurf der Zeitverschwendung zu verteidigen, bloß müde lächeln können. Dabei gab es große Hochkulturen, die dies gänzlich anders sahen. Im alten Ägypten z. B. galt die Arbeit als Zeitverschwendung und Muße und Spiel als Zeitgewinn. Wer seinen ganzen Tag lediglich mit Arbeit zubringt, lebt nicht eigentlich. Die Ägypter sprachen von einem „schönen Tag", wenn er von Kunst und Spiel erfüllt war.

Jan Assmann schreibt über ein Stück altägyptischer Weisheit:

> *Worauf es ankommt, ist, die Zeit,*
> *die dem Menschen auf Erden gegeben ist, so zu nutzen,*
> *daß „Herz" und „Ka" nicht beschädigt werden.*
> *Die Gefahr solcher Beschädigung geht von den „Geschäften" aus.*
> *Man darf sie nicht vermehren. Man darf nicht mehr tun,*
> *als zur Bestellung des Hauses unabdingbar ist.*
> *Nicht etwa Muße, sondern im Gegenteil übermäßige Betriebsamkeit*
> *wird hier als Zeitverschwendung angeprangert! (Assmann, 21)*

Doch zurück zu den Spielverboten. Diese hatten auch insofern eine Wirkung, als sie Gegenbewegungen hervorriefen. Unzählige Versuche wurden unternommen, das Spiel zu rechtfertigen. Es wurde von einer notwendigen Erholung von den Mühen der Arbeit gesprochen, von erlaubter Zeitverkürzung. Sogar das Argument der Gesundheitsförderung wurde ins Spiel gebracht, vor allem beim Billard, dessen leichte und konzentrierte Bewegung angeblich die Gesundheit stärkt. Die hohen Wetteinsätze beim Billard wurden natürlich ausgenommen.

Um das Spiel, vor allem das Spiel der Kinder, zu retten, propagierten einige Männer im 17. und 18. Jahrhundert das **Lernspiel**. Sie beriefen sich dabei auf die alten Griechen, die schon damals dem Spiel pädagogischen Wert beimaßen. Das Spiel der Kinder wurde also pädagogisch gerechtfertigt. Beispiele dafür finden sich schon in einer sehr frühen Phase des Buchdrucks:

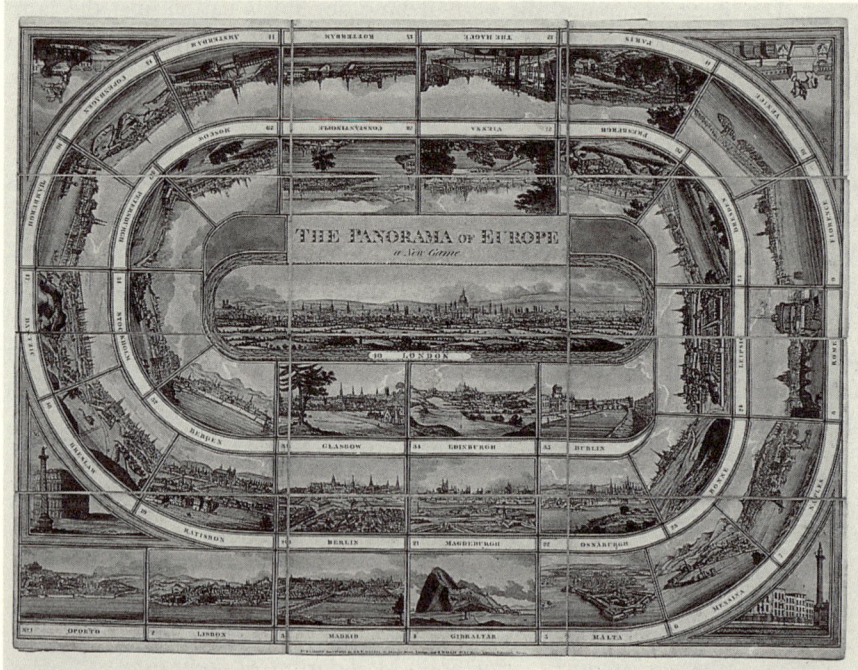

Die Gänsespiel-Variante „The Panorama of Europe", London 1815, ist ein Beispiel für die unzähligen Lernspiele, die erfunden wurden. Hier wurden die Namen und die Ansichten wichtiger europäischer Städte gelernt.

Das früheste gedruckte Beispiel für die Instrumentalisierung des Spiels zu Lernzwecken stammt von Thomas Murner, der 1507 Spielkarten zur mnemotechnischen Aufarbeitung juristischer Texte verwendete. (...) Mehr spielerischen Charakter und großen Erfolg hatte hingegen Finé de Brianvilles „Jeu d'armoiries" (1659), (...). (Zollinger, XXI)

Einer der ersten Deutschen, der Lernspiele entwarf, war Georg Philipp Harsdörffer. Er gab 1655 „Geographische Spielkarten / nach den IV Theilen der Welt / Kunstrichtig außgebildet" heraus.

DIE ERFINDUNG DES SPIELS

Als ein Beispiel unter unzähligen ist das Spirallaufspiel „The Panorama of Europe", London 1815, anzuführen. Darauf sind Ansichten wichtiger Städte Europas zu sehen, wichtig zumindest aus englischer Sicht. Natürlich steht London im Mittelpunkt. Wien ist auf Feld 27 abgebildet, München fehlt. Kinder konnten sich im Spielen die Namen und das Aussehen europäischer Städte einprägen. Vielleicht wäre eine Neuauflage dieses Spiels gerade heute, am Beginn eines wirklich vereinigten Europas, angebracht.

Leider hat die Entwicklung von Lernspielen und von pädagogisch wertvollen Spielen das Spiel zwar in pädagogischen Zusammenhängen gerechtfertigt und etabliert, aber nicht befreit. Das Spiel wurde, und wird immer wieder, für pädagogische Zwecke vereinnahmt, oft auch vernutzt. Das Spiel ist dann wertvoll – so sagen viele Pädagogen, nicht alle, aber viele –, wenn es einem Zweck dient, wenn es einen Nutzen hat, wenn dabei das gelernt wird, was am Plan steht. Alles Übrige ist „nur Spiel". Dies wird dann „freies Spiel" genannt. Dieses Adjektiv entlarvt den pädagogischen Ansatz, weil, wenn dies freie Spiele sind, dann sind alle in pädagogischer Absicht durchgeführten Spiele nichts anderes als „gefangene Spiele".

Eben in diesem Spannungsfeld zwischen freiem Spiel, Rechtfertigung des Spiels als pädagogisch wertvoll und Lernspiel stehen wir heute.

Beim Thema Lernspiel stehen wir einem anderen großen Bereich nahe, den ich bisher noch ausgespart habe, das Spiel der Kinder, kurz **Kinder-Spiel** genannt. Ich habe dies bewusst so spät erwähnt, weil es jener Bereich ist, an den wir zuallererst denken, wenn wir von Spiel sprechen. So wollte ich zuvor viele andere Formen des Spiels beschreiben, um zu zeigen, wie vielfältig die Kulturgeschichte des Spiels ist, wovon wir uns, sofort das Kinderspiel vor Augen, keine rechte Vorstellung machen.

Es darf angenommen werden, dass Kinder immer schon in irgendeiner Weise spielten. Zeugnisse sind allerdings erst aus der Zeit der ersten Hochkulturen erhalten. Über konkrete Spiele sind wir sehr schlecht unterrichtet, wurde doch das Spielzeug und das Spielmaterial aus einfachen Mitteln gefertigt, zumeist aus Holz, und selten aufbewahrt. Eine größere Zahl von Abbildungen spielender Kinder haben wir erst seit der Zeit des ausgehenden Mittelalters, als vor allem holländische Künstler begannen, vielfigurige Darstellungen von Alltagsszenen zu malen und in Kupfer zu stechen. Berühmt ist das Bild *Kinderspiele*, das Pieter Bruegel d. Ä. um 1560 malte.

Ein anderes Beispiel stammt von dem Dichter und Kupferstecher Jacob Cats. Dieser hat um 1625 in Middelburg einen Stich **Kinder-Spel** angefertigt.

*Jacob Cats „Kinder-Spel", um 1625. Die meisten Kinderspiele, die hier darge-
stellt sind, kennen wir heute noch.*

Darauf sind viele Kinderspiele zu sehen, die wir heute noch kennen: In der Mitte
sehen wir einen Umzug mit Trommeln und Flöten, rechts davon Kinder beim
„Blinde-Kuh-Spiel", dahinter Bockspringen und Seilspringen und am rechten
Bildrand ein Kind mit einer Geige und ein zweites mit einer so genannten
Teufelsschere. Diese konnte überraschend schnell vorschnellen und andere
damit erschrecken. Weiter sehen wir Kinder beim Kegeln und beim Stelzen-
gehen. Auf der linken Seite des Bildes sind im Vordergrund Mädchen beim Spielen mit Puppen abgebildet. Dahinter sind Kinder dabei, einen Kreisel zu treiben,
Seifenblasen zu machen, einen Ballon aufzublasen, einen Vogel an
einer Leine fliegen zu lassen (ein Spiel, das heute nicht mehr üblich ist, die
Vögel werden dies danken). Im Hintergrund sind noch Kinder beim Reifen-
treiben, beim Kopfstehen, beim Laufen mit einem Windrad und einige andere
zu sehen.

      Eine Form des Spiels wird in den Kulturgeschichten meist nicht erwähnt,
und diese Tatsache allein zeigt die spiel- und lustfeindliche Grundstimmung

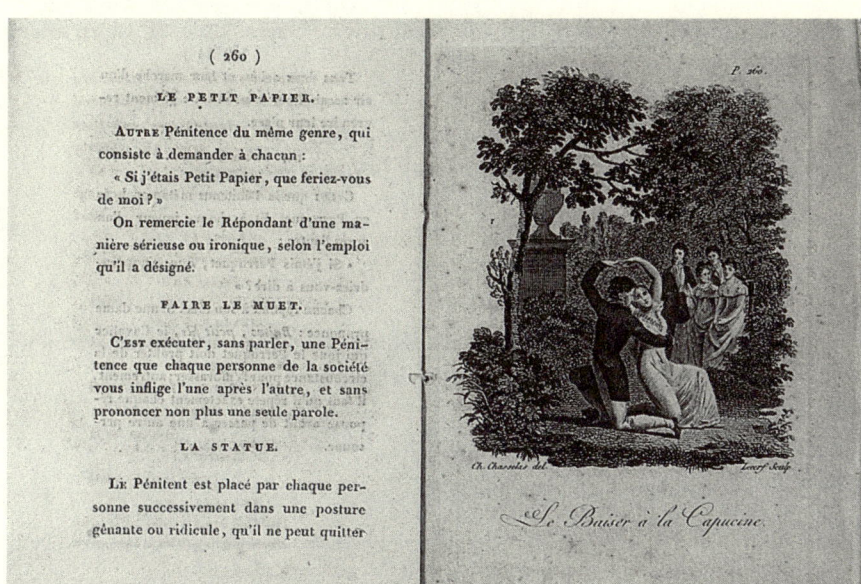

Ein Stich von Charles Abraham Chasselat in dem Buch Les Jeux innocents de Société, *um 1800. Ein Pfänderspiel, bei dem sich ein Paar, Rücken an Rücken knieend, küssen soll.*

unserer westlichen Kultur, die sich durch den um sich greifenden weltweiten amerikanischen Puritanismus wohl kaum bessern wird: Die vielleicht wichtigste und wahrscheinlich älteste Form des Spiels ist das **Liebesspiel**. Ludwig Knoll schreibt in seiner *Kulturgeschichte der Erotik* unter dem Stichwort „Spiel":

> *Das Liebesspiel bahnt den Weg aus dem Alltag in die*
> *Leidenschaft, aus der Fremdheit in die innige Verschmelzung.*
> *Das Bewusstsein des „Als ob" ist noch wach und bewirkt,*
> *dass man wie in einem Rollenspiel Vorstellungen folgt.*
> *Im Liebesspiel wird eine Freiheit genossen, bis sich der*
> *Trieb über alle Vorbehalte hinweg durchsetzt.*

Weil auch in dieser Form des Spiels das 18. Jahrhundert die schönsten Blüten hervorgebracht hat, sei zum Abschluss aus dem Buch *Alle Arten von Scherz- und Pfänderspielen in lustigen Compagnien von Bruder Lustigen,*

Frankfurt und Leipzig [um 1780], ein Spiel zitiert. Unter Punkt 39 ist zu lesen, wie Pfänder auszulösen sind. Es heißt da:

Was soll das Pfand thun?
Antwort: Den verliebten Jesuiten machen.
Er nimmt ein Frauenzimmer. Sie knien beyde, das sie mit den
Rücken zusammen treffen, und küssen einander von hinten zu
auf die Wangen und den Mund.

So weit mein Streifzug durch die Kulturgeschichte des Spiels, und jetzt schlage ich vor, vom Lesen zum Spielen überzugehen.

Literatur

Jan Assmann: *Der schöne Tag. Sinnlichkeit und Vergänglichkeit im altägyptischen Fest.* In: *Poetik und Hermeneutik, Band XIV, Das Fest.* München: Fink 1989

Günther Bauer: *Vorwort und Vorspiel zum Thema „Der Blick in die Zukunft".* In: Günther Bauer (Hrsg.): *Wahrsagespiele, Los- und Orakelbücher aus fünf Jahrhunderten.* Ausstellungskatalog 1997

Thierry Depaulis: *Le jeu et la loi en France sous l'Ancien Régime.* In: Günther Bauer (Hrsg.): *Alte Spielverbote – verbotene Spiele 1564–1853.* Ausstellungskatalog 1995 (Übersetzt als: *Spiel und Gesetz im Frankreich des Ancien Régime*)

Alberto Fiorin: *Italia: il caso Venezia.* In: Günther Bauer (Hrsg.): *Alte Spielverbote – verbotene Spiele 1564–1853,* Ausstellungskatalog 1995. (Übersetzt als: *Italien: der Fall Venedig*)

Alberto Fiorin: *Nascita e sviluppo delle lotterie a Venezia.* In: Günther Bauer (Hrsg.): *Homo ludens, der spielende Mensch, Band VII, Lotto und Lotterie.* München: Katzbichler 1997. (Zusammengefasst und übersetzt von Ulrike Godler-Baciu)

Cynthia Giles: *Tarot. Geschichte, Geheimnis und Überlieferung.* Solothurn: Walter 1994

Detlef Hoffmann: *Wahrsagekarten und Losbücher.* In: Günther Bauer (Hrsg.): *Wahrsagespiele, Los- und Orakelbücher aus fünf Jahrhunderten.* Ausstellungskatalog 1997

Barbara Holländer: *Das Spiel mit dem Würfel.* In: Günther Bauer (Hrsg.): *5000 Jahre Würfelspiel.* Ausstellungskatalog 1999

Friedrich Georg Jünger: *Die Spiele, ein Schlüssel zu ihrer Bedeutung.* Frankfurt: Klostermann 1953

Thomas Kavanagh: *Enlightment and the Shadows of Chance. The Novel and the Culture of Gambling in Eighteenth-Century France.* Baltimore: Johns Hopkins Univ. Press 1993

Manfred Zollinger: *Bibliographie der Spielbücher des 15. bis 18. Jahrhunderts. Erster Band: 1473–1700.* Stuttgart: Hiersemann 1996

Manfred Zollinger: *Spieler und ihre Gegner in Wien.* In: Günther Bauer (Hrsg.): *Alte Spielverbote – verbotene Spiele 1564–1853.* Ausstellungskatalog 1995

Null – Die Erfindung einer unberechenbaren Zahl
Alfred Beutelspacher

Eins, zwei, viele

Die Null ist die unauffälligste Zahl, eine Zahl, an die man lange nicht gedacht hat, von der man auch glauben könnte, man brauche sie nicht. Ganz sicher ist die Null eine spätgeborene Zahl. Erst nachdem schon viele tief liegende Teile der Mathematik entwickelt waren, erblickte die Null das Licht der Welt – und es hat dann immer noch lange gedauert, bis sie sich einen gleichberechtigten Platz neben den anderen Zahlen erobert hatte.

Aus heutiger Sicht tut man sich schwer, die Blindheit gegenüber der Null zu verstehen. Allerdings haben wir die gleichen Schwierigkeiten, uns die Genialität des Konzepts der Null vor Augen zu führen.

Die Null ist die Basis aller Zahlen. Beim Zählen taucht sie zunächst gar nicht auf. Das Zählen beginnt üblicherweise mit 1.

Wie zählt man? Welche Hilfsmittel braucht man dazu? Natürlich kann man mit den Körperteilen zählen: 10 Finger bzw. 20 Finger und Zehen. Eine andere, weit wichtigere Methode war es stets, die rhythmisch sich wiederholenden Naturvorgänge als Zeitmesser zu benutzen. Der regelmäßige Wechsel von Tag und Nacht, die Mondphasen oder der Jahreskreis sind erste Hilfsmittel, mit denen man gleich lange Zeitabschnitte erhält, mit denen man dann auch die linear verlaufende Zeit messen kann: 5 Tage, 10 Monate, 2 Jahre. Das bedeutet, dass die zwei Zeitvorstellungen – Zeit als periodisch sich wiederholender Vorgang und Zeit als sich linear unendlich ausdehnendes Kontinuum – sich gegenseitig bedingen. Übrigens sind beide Vorstellungen mathematisch bedeutsam!

Wann begann das Zählen? Das älteste Zeugnis ist eine in Swasiland (Zentralafrika) gefundene Fibel mit sage und schreibe 29 Einkerbungen. 20000

Jahre alt ist der Ishango-Knochen aus Uganda; auf diesem glaubt man sogar eine Notation für die Mondphasen zu erkennen. Aus viel späterer Zeit, etwa 3500 v. Chr., haben die Hochkulturen in Mesopotamien und Ägypten sicher gezählt und gerechnet. Aus Mesopotamien haben wir sehr viele Zeugnisse auf Stein, aber aus Ägypten nur sehr wenige, weil diese auf Papyrus geschrieben waren.

Zählen beginnt mit der Zahl – drei. Eins ist die Einzahl, wer nur eins sagen kann, sagt nur „ich". Mit zwei denke ich schon an ein Gegenüber; zwei bezeichnet die Paarbildung, eine Partnerschaft. Zwei ist schon eine Art Mehrzahl, aber eine sehr spezielle, ausgezeichnete Mehrzahl. Dies wird auch sprachlich durch den Ausdruck „beide" für eine eng zusammengehörige Zweiheit zum Ausdruck gebracht. Erst ab drei beginnt eine echte Mehrzahl.

Die ersten Zahlen haben individuelle Namen: eins, zwei, drei, vier, fünf, sechs, sieben, acht, neun, zehn. Elf und zwölf sind auch noch besondere Wörter, obwohl die Herkunft von eins und zwei unverkennbar ist. Ab dreizehn beginnt die systematische Zahlbildung: vierzehn, fünfzehn, …, neunzehn. „Zwanzig" ist eine neue Zahl, und wer einundzwanzig sagen kann, der hat's verstanden.

DIE BABYLONIER UND DAS 60ER-SYSTEM

Schon früh war die dauerhafte Darstellung von Zahlen ein offensichtliches Bedürfnis. Dazu reicht es nicht, zählen zu können, sondern man muss das jeweilige Ergebnis auch notieren können. Die naive Methode besteht darin, das Zählen schriftlich nachzuahmen und für jede Zahl, die man weiter zählt, einen Strich zu machen, eine Kerbe zu schnitzen, eine Muschel auf die Seite zu legen oder Ähnliches.

Das wird bei größeren Zahlen schnell unübersichtlich, deshalb greift man zu einer ebenfalls natürlichen Methode, nämlich zu der Bündelung. Zum Beispiel macht man statt dem fünften senkrechten Strich einen Querstrich durch die ersten vier Striche und fasst diese dadurch zu einem „Bündel" zusammen. Diese Methode scheint auch überall dort erfunden worden zu sein, wo das Problem der Notation von Zahlen akut war.

Man kann dann natürlich zu Bündelungen höherer Ordnung (jeweils fünf Fünferbündel werden zusammengefasst) voranschreiten. Eine Variante dieses Verfahrens besteht dann darin, den jeweiligen neuen „Bündelzahlen" ein eigenes Zeichen zuzuordnen. Das alles sind aber nur Fortentwicklungen des einfachen Striche-Machens. Eines der Systeme, die so arbeiten, ist das römische Zahlen„system".

Aber schon Jahrtausende vorher hatten die Babylonier eine ausgesprochen fortschrittliche Notation. Sie benutzten ein fast reinrassiges Stellenwertsystem, etwas, von dem Griechen und Römer kaum träumen konnten. Merkwürdigerweise benutzten sie ein System zur Basis 60. Das bedeutet: Mit der letzten Stelle wurden die Zahlen 1, ..., 59 notiert. Mit der vorletzten Stelle die Zahlen $1 \cdot 60$, $2 \cdot 60$, ..., $59 \cdot 60$. Die größte zweistellige Zahl, die die Babylonier darstellen konnten, ist die Zahl $59 \cdot 60 + 59 = 3559$ ($= 3600 - 1$). Aber wie bei jedem Stellenwertsystem ist es möglich, auch noch größere Zahlen darzustellen: Mit der dritten Stelle beginnt man mit 3600 ($= 60 \cdot 60$), und kommt bis $60 \cdot 60 \cdot 60 - 1 = 215\,999$.

Das 60er-System der Babylonier zeigt sich noch heute in der Zeitmessung (60 Minuten ergeben eine Stunde, und 60 Sekunden sind eine Minute) und bei der Gradmessung (der Vollwinkel ist in 360° eingeteilt).

Etwas genauer sieht das System der Babylonier so aus: Sie benützen zwei Symbole, mit denen sie die Ziffern beschreiben: Das Symbol T steht für 1 und < für 10. Das heißt: TTTTT bedeutet 5, <<TTT ist die Darstellung für 23 usw. Das gilt allerdings nur, wenn diese an der letzten Stelle stehen. Zweistellige Zahlen sind etwa

$$T <TTTTT \; (= 1 \cdot 60 + 15 = 75)$$

und

$$TTT << \; (= 3 \cdot 60 + 2 \cdot 10 = 200).$$

Das System ist fast perfekt, es hat eigentlich nur eine Schwäche: An einer Stelle, die nichts zur Zahl beiträgt, steht auch nichts. Dies scheint äußerst konsequent zu sein (form = function), hat aber verheerende Folgen. Stellen Sie sich vor, jemand hat sich verpflichtet, Ihnen

TT < T

Silbermünzen zu zahlen. Und er zählt Ihnen insgesamt 131 Münzen auf den Tisch ($131 = 2 \cdot 60 + 11$). Die Versuchung ist groß, zu behaupten, das müssten viel mehr Münzen sein, denn, so würden Sie argumentieren, zwischen TT und < T ist nicht nur eine Lücke, sondern deren zwei. Wenn das so wäre, müssten Sie $2 \cdot 3600 + 11 = 7211$ Silbermünzen bekommen.

Man kann sich vorstellen, dass dieser Mangel der Notation eine Quelle ständiger Auseinandersetzungen und Rechtsstreitigkeiten war.

Aus heutiger Sicht kann man sagen: Die Schwäche des babylonischen Systems bestand darin, dass es keine Null kannte.

GRIECHEN UND RÖMER

Die Mathematik der Griechen ist nach allgemeiner Auffassung der Beginn der Mathematik im heutigen Sinne. Die Griechen verwendeten spätestens seit der Schule des Pythagoras (ca. 500 v. Chr.) durch Definitionen sauber gefasste Begriffe, über deren Beziehungen sie dann Sätze rein durch logisches Schließen erhalten haben. Das Schema Voraussetzung – Behauptung – Beweis wurde damals eingeführt und ist bis heute Standard in der Mathematik.

Die Griechen konnten zum Beispiel auf mathematisch korrekte Weise mit dem Unendlichen umgehen. So steht zum Beispiel im ersten Mathematikbuch der Welt, den *Elementen* des Euklid (ca. 300 v. Chr.), ein auch heute noch einwandfreier (und übrigens traumhaft schöner) Beweis für die Tatsache, dass es unendlich viele Primzahlen gibt. Genauer gesagt drückt Euklid das vorsichtig so aus: Es gibt keine größte Primzahl, oder, positiv gewendet: Zu jeder Primzahl gibt es eine noch größere.

Einen anderen Aspekt hat Archimedes im 3. Jahrhundert v. Chr. in seiner berühmten Sandrechnung betont. Er schreibt: „Manche Leute glauben, die Zahl der Sandkörner sei unbegrenzt. Andere meinen, die Zahl sei zwar nicht unbegrenzt, aber es sei noch nie eine Zahl genannt worden, die die des Sandes übertrifft. Ich aber will dir zu zeigen versuchen, dass unter den von mir benannten Zahlen nicht nur einige die Zahl eines Sandhaufens von Erdgröße übersteigen, sondern auch die Zahl eines Haufens, der das Weltall füllt." Mit anderen Worten zeigt Archimedes an diesem Beispiel, dass es beliebig große Zahlen gibt und dass man diese im Prinzip auch notieren kann.

Aber in der griechischen Mathematik gab es keine Null. Das hatte einen Grund. Denn für die griechischen Mathematiker waren Zahlen geometrische Größen: Eine Zahl war die Länge einer Strecke, der Inhalt einer Fläche usw. Eine Strecke der Länge Null gibt es aber nicht, denn sie wäre ja ein Punkt.

Ein Grieche hat jedenfalls insofern etwas zum Verständnis der Null beigetragen – ohne dies jemals so auszudrücken – als er auf die Schwierigkeiten hingewiesen hat, die in einem zu großzügigen Umgang mit der Null entstehen können. Dieser scharfsinnige Mann war Zenon von Elea (ca. 490 v. Chr.).

Seine berühmteste Geschichte ist die von Achilles und der Schildkröte. Bei einem Wettrennen ging es darum, einen Herausforderer für Achilles, den unschlagbar schnellsten Läufer zu finden. Da meldet sich ausgerechnet eine Schildkröte. Bevor sie sich an den Start begeben, spielt die Schildkröte den Lauf in Gedanken durch. Sie bittet Achill: „Du gibst mir doch sicherlich einen kleinen Vorsprung?" Achill, mit der großzügigen Geste eines, der es sich leisten kann: „So viel du willst." Die Schildkröte gibt sich bescheiden und sagt: „100 Ellen reichen mir." „Die hab ich in Nullkommanichts aufgeholt", ist sich Achill sicher. „Eben nicht in Nullkommanichts", bremst ihn die Schildkröte, „denn für die 100 Ellen brauchst auch du ein bisschen Zeit. Und in dieser Zeit bin ich ein Stück weiter gekommen." „Aber nicht viel", sagt Achill immer noch ahnungslos. „Genau 10 Ellen", sagt die Schildkröte. „Die hab ich aber sofort ...", „Nein", unterbricht ihn die Schildkröte höflich, aber bestimmt, „auch dafür brauchst du Zeit, und in dieser Zeit bin ich immerhin eine Elle vorangekommen. Und so weiter", setzt die Schildkröte siegessicher hinzu. „Und so weiter?", fragt Achill. „Ja, immer wenn du da bist, wo ich gerade war, bin ich schon ein Stückchen weiter. Deshalb wirst du mich – nie einholen."

Die römischen Zahlen sind eigentlich nur ausgefeilte „Bündelzahlen" Statt IIII schreibt man V, statt IIIIIIIII schreibt man X usw. L bedeutet 50, C ist die Abkürzung für 100, D die für 500 und M steht für Tausend. Das heißt: XXVII ist die Zahl 10 + 10 + 5 + 1 + 1 = 27 und XXXII ist 10 + 10 + 10 + 1 + 1 = 32. Man kann Zahlen leicht addieren, indem man sie hintereinander schreibt, neu ordnet und gegebenenfalls zusammenfasst:

XXVII + XXXII = XXVIIXXXII = XXXXXVIIII = LVIIII.

Aber auch dieses einfache Addieren wurde unmöglich, als die Römer die „Subtraktionsschreibweise" eingeführt hatten: IV = 5 - 1 = 4, XL = 50 - 10 = 40 usw.

Man kann kurz sagen: Die römischen Zahlen eignen sich hervorragend dafür, geschichtliche Daten in Stein zu meißeln, vielleicht auch zum Zählen, aber für das Rechnen sind sie völlig unbrauchbar. Dazu kam, dass die Römer nur einen beschränkten Zeichenvorrat hatten. Über M hinaus gab es im Grunde keine Zeichen. Man musste sich mit Hilfskonstruktionen behelfen und im Zweifelsfall eben eine lange Liste von gleichartigen Zeichen aufschreiben.

Aber eines ist klar: Die Römer mussten rechnen. Man kann nicht das Collosseum bauen ohne zu rechnen. Man kann kein Weltreich verwalten ohne rechnen zu können. Wie haben die Römer also gerechnet? Dazu benutzten sie den „ersten Taschenrechner der Welt", nämlich den Abakus.

Der Abakus ist ein materialisiertes Dezimalsystem. Die Stellen sind gut sichtbar: Das sind die Stangen, auf denen Steine („Perlen") aufgereiht sind: Ganz rechts die Einerstelle, links davon die Zehnerstelle, dann die Hunderterstelle usw. Die Perlen zeigen in gewissem Sinne die Ziffer an der entsprechenden Stelle an. Die Perlen sind „aktiviert", wenn sie nach innen geschoben werden. Oben sind 4 oder 5 Perlen, je nach Ausführung des Abakus; von diesen hat jede den Wert 1; auf der anderen Seite befinden sich eine oder zwei Perlen; diese haben den Wert 5. Wenn also von oben zwei Steine und von unten einer in die Mitte geschoben wird, hat diese Stelle den Wert 7.

Mit dem Abakus kann man Zahlen darstellen, und man kann Zahlen addieren. Das ist einfach: Man stellt zunächst die erste Zahl ein. Dann versucht man, die zweite Zahl zusätzlich darzustellen. Oft geht das gut, aber manchmal braucht man mehr Perlen als man hat. Wenn zum Beispiel an einer Stelle sowohl von der ersten als auch von der zweiten Zahl eine Fünferperle gebraucht wird, dann ersetzt man die beiden Perlen durch eine Einerperle der nächsthöheren Stelle, also des Stabes links von dem ursprünglichen.

Aber mit der Addition alleine kann man noch kein Weltreich verwalten; man muss mindestens auch multiplizieren können. Was ist XXVII mal XXXIV? So kann man das nicht machen; das kann man nur mithilfe des Abakus erledigen. Dazu braucht man aber eine Methode. Die Römer hatten eine Methode, deren Basis aber erst viel später erkannt werden konnte. Im Grunde steckt nämlich das Binärsystem dahinter.

Um 27 mal 34 auszurechnen, schreibt man zunächst die beiden Zahlen nebeneinander. Dann halbiert man die links stehende Zahl, also die Zahl 27. Das macht man großzügig, indem man gegebenenfalls abrundet. In unserem Fall schreibt man unter die 27 also 13. Diese Zahl halbiert man wieder großzügig und erhält 6. Darunter kommt die 3 und schließlich die 1. Die Zahl auf der rechten Seite wird schrittweise verdoppelt. Unter der 34 steht 68, dann 136, dann 272 und schließlich 544.

Nun markiert man die Zahlen der linken Spalte, die ungerade sind – und addiert die entsprechenden Zahlen auf der rechten Seite!

27	34
13	68
6	136
3	272
1	544

In unserem Fall ergibt sich also $27 \cdot 34 = 34 + 68 + 272 + 544 = 918$.

NULL – DIE ERFINDUNG EINER UNBERECHENBAREN ZAHL

Das scheint unglaublich kompliziert zu sein, und ist es auch. Aber: Man braucht nur Operationen, die man prinzipiell mit dem Abakus durchführen kann: Halbieren mit Abrunden, Verdoppeln und Addieren.

Zurück zu unserem Thema: Kannten die Römer die Null? Klare Antwort: Nein. Wenn nichts darzustellen war, schrieben sie auch keine Zahl auf, weshalb auch? Den Abakus könnte man so interpretieren, dass an einer Stelle, an der nach unserem Verständnis eine Null stehen sollte, keine Perle aktiviert war. Aber das ist den Römern sicher nicht zu Bewusstsein gekommen und wurde jedenfalls bei den geschriebenen Zahlen nirgends reflektiert.

Nichts Neues im Mittelalter

Das mittelalterliche Rechnen war eine Variante des Rechnens mit dem Abakus, nämlich das Rechnen auf den Linien. Die Linien ersetzten die Stäbe des Abakus, und statt den Perlen auf den Stäben bewegte man Rechensteine auf den Linien. Das war ein schwieriges Geschäft. Entsprechend gab es viele Anleitungen. Noch 1534 erschien ein *Rechenbüchlein auff der linien*, in dem zu lesen war:

> Die Linien zu erkennen
> Ist zu merken die folgende anweisung:
> Welche die erste genennet wird
> Bedeutet **eins**
> Die andere hinauff **zehn**
> Die dritte **hundert**
> Die vierte **tausent**
> ...
> Du sollst auch wissen
> Dass ein jeglich spatium
> Fünfmal so viel bedeut
> als seine linien darunter.

Wir sehen: Die Menschheit ist mindestens dreimal haarscharf an der Erfindung bzw. Entdeckung der Null vorbeigeschlittert: bei den Babyloniern, bei der Verwendung des Abakus und beim Rechnen auf den Linien.

Die Null

Die Null ist eine der wichtigsten Erfindungen der Menschheit. Mit ihr kann man beliebig große Zahlen darstellen, und zwar indem man nur eine beschränkte Zahl von Ziffern verwendet. Beim Dezimalsystem sind das die Ziffern 0, 1, 2, 3, 4, 5, 6, 7, 8, 9. Damit öffnet uns die Null ein Fenster zur Unendlichkeit. Ein weiterer essentieller Vorteil des Einsatzes der Null besteht darin, dass man Zahlen in der Dezimaldarstellung leicht multiplizieren (und dividieren) kann. Jeder kann das. Denn dazu braucht man nur das kleine Einmaleins.

Um die Erfindung der Null zu verstehen, machen wir uns klar, was eine Zahl wie etwa 2305 bedeutet. Diese ist im Dezimalsystem notiert. Das bedeutet: Die letzte Stelle ganz rechts stellt die Einer dar. Also haben wir 5 Einer. Die nächste Stelle ist die Zehnerstelle. Da hier 0 steht, kommt kein Zehner dazu. Die weiteren Stellen drücken aus, dass 3 Hunderter und 2 Tausender hinzukommen. Das heißt: 2305 ist eine Abkürzung, sie steht für

$$2 \text{ Tausender} + 3 \text{ Hunderter} + 0 \text{ Zehner} + 5 \text{ Einser}$$
$$\text{oder} \quad 2 \cdot 1000 + 3 \cdot 100 + 0 \cdot 10 + 5 \cdot 1$$
$$\text{oder} \quad 2 \cdot 10^3 + 3 \cdot 10^2 + 0 \cdot 10^1 + 5 \cdot 10^0.$$

Wer hat die Null erfunden? Wer hat als Erster die Erkenntnis gehabt, dass man auch das Nichts durch ein Etwas bezeichnen kann/darf/muss? Wer hat gesehen, dass viele Probleme damit gelöst werden, dass man das Nichtvorhandensein eines Werts an einer Stelle durch ein Zeichen, einen kleinen, unscheinbaren Kringel darstellt? Wir wissen es nicht.

Wahrscheinlich wurde die Null in Indien erfunden. Die erste zweifelsfrei dokumentierte Null findet sich in Indien, in einem Vishnu-Tempel in Gwalior, etwa 400 km südlich von Delhi. Auf einer Steintafel aus dem Jahre 876 wird die Null verwendet, um die Zahlen 270 und 50 zu schreiben. Das geschieht jedoch so selbstverständlich, dass die Vermutung nahe liegt, dass die Verwendung der Null damals schon gängige Praxis war.

An den verschiedenen Namen für die Null kann man die Verbreitung dieser neuen, revolutionären Schreibweise für Zahlen verfolgen: Im Indischen (6.–8. Jahrhundert) wurde das Wort sunya (leer) benutzt. Dies wurde im 9. Jahrhundert ins Arabische übersetzt: as-sifr (die Leere). Dieses Wort wurde im 13. Jahrhundert vom Lateinischen übernommen: cifra bzw. zefirum. Von da wurde das Wort im 14. bzw. 15. Jahrhundert ins Französische (chiffre bzw. zero) und Deutsche (Ziffer) übernommen. Eine etymologische Verzweigung ist das lateinische Wort nulla (nichts).

Der Herold des neuen Systems in der westlichen Welt war Leonardo von Pisa, genannt Fibonacci. Dieser veröffentlichte bereits 1202 das Buch *liber abaci*, das aber im Gegensatz zu dem, was der Titel vielleicht suggerieren könnte, das indisch-arabische System im westlichen Europa bekannt macht. Dieses Buch beginnt geradezu programmatisch mit dem Satz:

Die neun Ziffern der Inder sind 9, 8, 7, 6, 5, 4, 3, 2, 1.
Mit ihnen und mit diesem Zeichen 0, das arabisch zephirum heißt,
kann jede beliebige Zahl geschrieben werden.

Das Buch legt dann die Vorteile des Dezimalsystems an vielen Beispielen überzeugend dar. Trotzdem dauerte es noch bis ins 16. Jahrhundert, bis sich das neue System vollständig durchgesetzt hatte. Eine Straßburger Handschrift aus dem 15. Jahrhundert erklärt noch recht bedächtig und in holprigen Reimen:

Hab achtung, neun sein der figur
On all beschwer auszusprechen pur.
Bei solchen ferner merk auch mich
Ein nulla steht vnaussprechlich
Rund und formiert recht wie ein o
Wirt dasselb versteht also
Ayner deutlichen fürgemalt
Bringts zehenmal so viel als bald.
Mit den kanstu recht nummerieren
All zal aussprechen vnd vorführen.

Das binäre System: Zwei Ziffern reichen!

Was ist das Besondere am Dezimalsystem? Nichts. Man könnte ein System zu jeder beliebigen Basis wählen. Und das war in der Geschichte auch so. Die Babylonier haben aus heute kaum mehr zu eruierenden Gründen das 60er-System gewählt, die Mayas benutzten ein 20er-System.

Systeme mit einer großen Basis brauchen viele Ziffern. Beim 60er-System braucht man inklusive der Null 60 Ziffern, während man beim Dezimalsystem mit 10 Ziffern auskommt. Das System mit der kleinsten Anzahl von Ziffern ist das Binärsystem, man braucht nur die Null und die Eins. Mit weniger geht's nicht. Dieses weltrekordverdächtige System, das die Grundlage für die heutige Computertechnik ist, wurde von Gottfried Wilhelm Leibniz (1646–1716) erstmals 1697 publiziert.

Das Denken in Zweiheiten wie etwa Tag und Nacht, Ja und Nein, Links und Rechts, Gott und Mensch, Yin und Yang ... ist zwar uralt, Leibniz hat jedoch erkannt, dass man mit zwei Zuständen alle Zahlen darstellen kann. Wir drücken das heute so aus, dass man mit den Bits 0 und 1 alle Zahlen repräsentieren kann.

Die Reihe der natürlichen Zahlen beginnt so: 0, 1, 10, 11, 100, 101, 110, 111, 1000, 1001, 1010, ... Warum? Betrachten wir zum Beispiel die Binärzahl 1101. Diese ist gleich

$$1 \cdot 2^3 + 1 \cdot 2^2 + 0 \cdot 2^1 + 1 \cdot 2^0 = 1 \cdot 8 + 1 \cdot 4 + 0 \cdot 2 + 1 \cdot 1 = 13.$$

Für Leibniz war das Binärsystem eine göttliche Offenbarung, „weil die leere Tiefe und Finsternis zu Null und Nichts, aber der Geist Gottes mit seinem Lichte zum Allmächtigen zu Eins gehört". Gott hat die Welt in sieben Tagen geschaffen, in der binären Schreibweise als 111 dargestellt: drei göttliche Einsen ohne die teuflische Null!

Etwas nüchterner und mathematisch wichtiger erkannte Leibniz: „Das Addieren von Zahlen ist bei dieser Methode so leicht, dass diese nicht schneller diktiert als addiert werden können."

Der oben vorgestellten römischen Multiplikation liegt letztlich das Binärsystem zugrunde. Wir schreiben die Aufgabe $27 \cdot 34$ ausführlicher:

$$27 \cdot 34 = (1 + 2 + 8 + 16) \cdot 34$$
$$= 1 \cdot 34 + 2 \cdot 34 + 8 \cdot 34 + 16 \cdot 34 = 34 + 68 + 272 + 544 = 918.$$

Letztlich steckt Folgendes dahinter: Man stellt die erste Zahl im Binärsystem dar und addiert jeweils diejenigen Vielfachen des rechten Faktors, bei denen der linke Faktor in der Binärdarstellung eine Eins hat.

FORMALISIERUNG DES ZÄHLENS

Wir kehren zum Ausgangspunkt zurück, zum Zählen beziehungsweise zu den Zahlen. Die naiven Vorstellungen, die auch die Mathematiker hatten, wurden im 19. Jahrhundert problematisiert. Dies hing vor allem mit der Erfindung der Mengenlehre durch Georg Cantor (1845–1918) zusammen. Es schien so, als ob man alles auf Mengen und Operationen mit Mengen zurückführen könnte. Dagegen mobilisierte Leopold Kronecker (1823–1891) starken Widerstand, indem er verkündete: „Die ganzen Zahlen hat der liebe Gott gemacht. Alles andere ist Menschenwerk." Das ist so zu deuten, dass man zwar von den ganzen bzw. natürlichen Zahlen ausgehend die gesamte Mathematik aufbauen kann, dass man aber – nach Kronecker – die ganzen Zahlen als von Menschen letztlich nicht mehr weiter begründbare, auf Elementareres zurückführbare Struktur anerkennen müsse.

Diese Auffassung wurde spätestens von dem italienischen Mathematiker Giuseppe Peano (1858–1939) zunichte gemacht. Peano zeigte, dass man durch sorgfältige Analyse des Zählvorgangs alle Zahlen aus einer einzigen Zahl – der Null – aufbauen kann. Er postuliert dazu zunächst zwei Axiome, nämlich (a) 0 ist eine natürliche Zahl und (b) jede natürliche Zahl n hat einen Nachfolger n'. Das heißt: Man beginnt mit 0, geht dann zu deren Nachfolger 0' über, dann zu deren Nachfolger 0", dann zu 0'" usw. Die Zahlenreihe ist also

   0, 0', 0", 0'", 0"", 0""', ...

Nur aus Bequemlichkeitsgründen schreiben wir dann für 0' das Zeichen 1, für 0" das Symbol 2 usw.

Wir sehen: Peano macht im Grunde nichts anderes als unsere Vorfahren vor zigtausend Jahren, die Kerben in einen Knochen geritzt haben.

Und man kann Kroneckers Wort etwas blasphemisch wie folgt formulieren, wobei die enorme Bedeutung der Null offenbar wird: *Der liebe Gott hat die Null gemacht. Alles andere ist Menschenwerk.*

Literatur

A. Beutelspacher: *Mathematik für die Westentasche. Von Abakus bis Zufall.* München: Piper 2001
R. Kaplan: *Die Geschichte der Null.* Frankfurt: Campus Verlag 2000
C. Seife: *Zwilling der Unendlichkeit. Eine Biographie der Zahl Null.* München: Goldmann 2002

Die Entdeckung der Zukunft

Lucian Hölscher

Die meisten wird es überraschen, wenn man ihnen erklärt, dass das Konzept der „Zukunft" nicht einmal 300 Jahre alt ist. Wie, so werden sie sich fragen, hat man denn davor an die Zukunft gedacht? Die Vorstellung, dass es eine Zukunft gibt, ist uns so selbstverständlich, dass wir uns gar nicht vorstellen können, dass es sie vor Zeiten noch nicht gab. Immer, so meint man, haben die Menschen doch schon ebenso wie wir heute eine Zukunft vor sich gehabt. Dass dies nicht so war, wird den ersten Teil meiner folgenden historischen Ausführungen bestimmen. Doch wenn es die Zukunft im neuzeitlichen Sinne vormals noch nicht gab, so stellt sich auch sogleich die Frage, ob es sie denn in Zukunft immer geben wird. Was entstanden ist, kann auch wieder vergehen. Warum also nicht auch die Zukunft? Ist die Zukunft möglicherweise ein auslaufendes Modell neuzeitlichen Geschichtsbewusstseins? Diese Frage wird mich im zweiten Teil meiner Überlegungen beschäftigen.

In all dem aber stellt sich schließlich die Frage, die den Anlass zu der vorliegenden Vortragsreihe bildet: Ist die Zukunft eine „Erfindung" oder eine „Entdeckung" der neuzeitlichen Gesellschaft Westeuropas? „Erfunden" werden Dinge, die es vorher noch nicht gab: etwa ein Auto oder der Computer. „Entdeckt" werden dagegen Dinge, die es vorher schon gab, z. B. der Nordpol oder das physikalische Gesetz von der Erhaltung der Kraft. Was also gilt für die Zukunft: wurde sie „gefunden" oder „entdeckt"? Meine These lautet: beides und keines von beidem. Denn einerseits handelt es sich bei der Zukunft immer schon um ein Bündel von Vorstellungen, bei deren Gewinnung sich die Menschen auch irren konnten. Andererseits aber bilden die Vorstellungen, die sich die Menschen von ihrer Zukunft machten und weiterhin machen, natürlich selbst mentale Gegebenheiten, die auch dann, wenn sie falsch sind, ebenso gegeben sind wie andere Fakten auch. Insofern gilt beides: die Zukunft ist als

Dimension unseres historischen und gesellschaftlichen Denkens eine Erfindung und eine historische Entdeckung zugleich.

Doch zugleich gilt auch das Gegenteil: die Zukunft ist weder das eine noch das andere. Denn von Entdeckungen unterscheiden sich die Vorstellungen, die wir uns von der Zukunft machen, schon allein dadurch, dass sie nur in unserem Kopf existieren; von bloßen Erfindungen, wie sie z. B. in literarischen Romanen vorkommen, aber zugleich dadurch, dass sie sich später durchaus als realistisch erweisen können. Die Zukunft ist also ein Zwitter zwischen Fiktion und Realität, weder Erfindung noch Entdeckung und doch auch beides zugleich. Die Alternative Erfindung oder Entdeckung scheint gewissermaßen, auf die Zukunft angewandt, falsch gestellt zu sein, ich will sie daher hier nicht weiter verfolgen.

Bevor ich mich nun aber dem wissenschaftlichen Teil meiner Ausführungen zuwende, will ich kurz darauf eingehen, was wir unter „Zukunftsvorstellungen" überhaupt verstehen: Woran denken wir, wenn wir an die Zukunft denken? An unsere eigene Zukunft, an Geldsorgen oder Bildungschancen, an Alter und Tod? Oder an kollektive Sorgen und Hoffnungen: an die zukünftigen Fortschritte auf dem Gebiet der Medizin, die Gefahren der Gentechnik und eines kommenden Krieges? Zukunftsvorstellungen können sehr unterschiedlicher Natur sein: privat und öffentlich, kurz- und langfristig, ängstlich und hoffnungsvoll usw. Zukunftsvorstellungen sind zudem luftige Gebilde. Wir sind uns ihrer gewöhnlich weit weniger sicher als der Vorstellungen, die wir von der Vergangenheit haben, handelt es sich doch meist nur um Möglichkeiten, an deren zukünftige Realität wir selbst bald mehr, bald weniger glauben.

Zugleich spielen Zukunftsvorstellungen jedoch eine bedeutende Rolle in unserem privaten wie öffentlichen Leben: Wir richten an ihnen unsere Handlungen aus, bilden mit ihrer Hilfe Vorstellungshorizonte, welche die Gegenwart und Vergangenheit in eine bestimmte, handlungsrelevante Perspektive rücken. Wir strukturieren mit ihrer Hilfe die Vielfalt der Möglichkeiten, um überhaupt Entscheidungen treffen zu können. Ob in der Wirtschaft, in der Politik oder im privaten Leben, überall sind wir umgeben von Zukunftsvorstellungen aller Art. Vieles davon ist Tagesware, schon am nächsten Tag oder binnen weniger Wochen verbraucht und überholt. Aber andere Vorstellungen halten sich über lange Zeit hinweg, setzen sich in den Köpfen fest und bestimmen das Handeln großer politischer und sozialer Gruppen.

Im Folgenden wird nun keine Zukunftsforschung betrieben, weder Prognosen aufgestellt noch Ahnungen formuliert, sondern es werden letztlich nur

Fragen aufgeworfen, und zwar Fragen nach der Zukunftsfähigkeit des Konzepts der Zukunft selbst. Diese Fragen beruhen zunächst auf historischen Erkenntnissen. Sie sollen erstens zeigen, dass das Konzept der Zukunft nicht so alt ist, wie wir gemeinhin glauben; und zweitens, dass es im Laufe der Zeit eine Karriere durchlaufen hat, die darauf hindeutet, dass das Konzept der Zukunft einmal auch wieder verschwinden könnte, so wie es vor etwa 300 Jahren aufgetaucht ist. Darüber hinaus speisen sich diese Fragen aber auch aus aktuellen Beobachtungen, die darauf hinzudeuten scheinen, dass das Konzept der Zukunft gegenwärtig eine Krise durchläuft, deren Ausgang wir noch nicht kennen.

I.

Zunächst also zum geschichtlichen Hintergrund: Das Konzept der „Zukunft" – oder weniger gelehrt ausgedrückt: die Möglichkeit, umfassende geschichtliche Entwürfe von dem, was zukünftig einmal geschehen wird, zu entwerfen – ist eigentlich überraschend jung. Es bildete sich erst im Laufe der frühen Neuzeit, im 17. und 18. Jahrhundert, etablierte sich zunächst nur innerhalb einer kleinen Gruppe geistig wagemutiger Philosophen, Historiker und Naturwissenschaftler und eroberte sich erst im Laufe des 19. Jahrhunderts weitere Kreise der bürgerlichen und unterbürgerlichen Gesellschaft.

Das lässt sich zunächst schon an der Entstehung des Wortes „Zukunft" selbst ablesen: Noch im 17. Jahrhundert benutzte man es, wenn überhaupt, gewöhnlich im räumlichen Sinne des heutigen Ausdrucks „Ankunft" – man sprach z. B. von der „Zukunft" in einer Stadt oder bei Freunden. Eine zeitliche Bedeutung nahm das Wort damals nur in einem einzigen Zusammenhang an: nämlich in der Rede von der „Zukunft Christi" am Jüngsten Tag – und selbst da war ja eigentlich nur von Christi Wiederkehr auf die Erde die Rede. Im Lateinischen hieß das „adventum" – daher leitet sich noch heute der Ausdruck „Advent" für die Feier der Ankunft des Herrn vor seiner Geburt an Weihnachten ab. Für die Rede von zukünftigen Dingen, im Lateinischen „futura", verfügte man damals im Deutschen – und auch dies offenbar erst seit dem Spätmittelalter – nur über das substantivierte Adjektiv „das Zukünftige". Dies deutet darauf hin, dass man noch keinen Begriff von der Zukunft als historischem Zeitraum, sondern nur von einzelnen Ereignissen hatte, deren Eintreten man unter bestimmten Umständen erwartete.

Nun könnte man im Fehlen eines solchen Begriffs eine Eigenart der Sprachentwicklung sehen, die – obwohl sich ähnliche Befunde wie im Deutschen auch in anderen europäischen Sprachen nachweisen lassen – nichts über die tatsächlichen Anschauungen der Menschen aussagt. Allerdings muss man sich dann andererseits auch fragen, wie Menschen, die in ihrer Sprache nicht einmal die grammatikalische Form des Futur kannten, eigentlich über die Zukunft gesprochen haben mögen. Die germanischen Sprachen begannen nämlich erst im Spätmittelalter, mithilfe des Infinitivs und eines Hilfsverbs, das lateinische Futur künstlich nachzubilden.

Doch auch historische Quellen deuten darauf hin, dass die europäischen Gesellschaften vor Beginn der Neuzeit noch keinen Begriff von der Zukunft als historischem Zeitraum hatten, sondern nur von einzelnen zukünftigen Ereignissen. Die meisten Dinge schienen sich ihnen in ewigem Einerlei zu wiederholen: Wie Aussaat und Ernte, so folgten sich auch Krieg und Frieden, Glück und Unglück, Aufstieg und Fall der Reiche usw. Horoskope und Wahrsagungen aller Art sagten den Menschen zwar alles Mögliche voraus; aber die Zeichen, auf denen sie beruhten, glichen sich ebenso wie das, worauf sie hindeuteten. Etwas wirklich Neues, einen grundsätzlichen Wandel, gar eine langfristige Entwicklung, die man als „Zukunft" im neuzeitlichen Sinne bezeichnen könnte, gab es dabei – jedenfalls aus der Perspektive der Zeitgenossen betrachtet – nicht.

Das änderte sich erst im Laufe der frühen Neuzeit, d. h. im Laufe jenes Prozesses, den wir heute etwas missverständlich als „Säkularisierung" bezeichnen. Besser wäre es eigentlich, von einer „Theologisierung" des geschichtlichen Denkens zu sprechen, nämlich von einer theologischen Unterfütterung politischer und sozialer Ereignisse, die man als „Geschichte" im Sinne der „historia" erzählte. Sie nämlich verlieh der Geschichte insgesamt eine ganz neue Dynamik und Zielgerichtetheit. Möglich wurde dies dadurch, dass die Geschichte um die Mitte des 18. Jahrhunderts, inspiriert von theologisch gebildeten Gelehrten wie dem englischen Bischof Joseph Butler, in Analogie zu Gottes Offenbarung als Heilsplan Gottes gedeutet wurde. Die vergangene Geschichte diente Butler und vielen anderen „deistischen" Theologen seiner Zeit als Beweis für die Gewissheit von biblischen Weissagungen, deren Erfüllung noch ausstand: etwa das Auftreten falscher Propheten und die Sammlung und Bekehrung der Juden am Ende der Zeiten. Das prophetische Ziel des Gottesreiches wurde dadurch gewissermaßen „verzeitlicht", d. h. zum einen aus dem Jenseits ins Diesseits geholt, zum andern ans Ende der irdischen Zeit gerückt, wo es den Menschen einen zeitlichen Zielpunkt ihrer durchaus diesseitigen Erwartungen gab: „Christi Zukunft" am Jüngsten Tag wurde zur Zukunft der Menschheit.

Im Zuge dieses Prozesses entstand nun der moderne Begriff der „Zukunft" – sprachlich in einer Verschmelzung der Bedeutungsgehalte von lat.

„adventum" und „futurum", bildlich durch die Überlagerung der älteren theologischen Vorstellung, dass die Dinge auf uns „zukommen", mit der neueren Vorstellung, dass wir selbst durch die Zeit hinweg „fortschreiten". Im einen Fall wurde das Zukünftige, theologisch, als schon vorhanden, uns Menschen nur noch nicht genau sichtbar, im andern als noch nicht vorhanden, in diesem Sinne „offen" aufgefasst. Mit der Vorstellung, dass die Menschen durch die Zeit hindurch voranschreiten, gewann die Geschichte eine zeitliche Perspektivität, die sie bislang nicht gehabt hatte.

Diese „Verzeitlichung" (Koselleck) des geschichtlichen Denkens ergriff im Laufe des 18. Jahrhunderts weite Teile des öffentlichen Diskurses. Sie führte nicht nur zur historistischen Theorie von der Einmaligkeit jedes historischen Ereignisses, sondern stellte die Gegenwart auch implizit unter einen ganz neuartigen Veränderungsdruck: Neu war dabei nicht so sehr, dass alles menschliche Handeln und Erleben jetzt auf letzte Ziele ausgerichtet war – das hätte man vielleicht auch schon vom religiösen Diskurs des Mittelalters sagen können – sondern vielmehr, dass diese Ziele nun in Kontinuität zu vergangenen Ereignissen und Erfahrungen gesehen wurden, die man nur hochzurechnen brauchte, um zu ihnen zu gelangen – und sei es auch über einen revolutionären Umbruch hinweg.

Solche innerweltlichen Ziele wurden nun im 18. Jahrhundert vorwiegend am Vorbild der Antike gewonnen. Die Antike bildete seit der Renaissance bis an die Schwelle des 20. Jahrhunderts für die bürgerliche Gesellschaft Europas den wichtigsten Horizont ihrer utopischen Imaginationskraft: Die Ideale der römischen Tugend, der griechischen Freiheit galt es wiederzugewinnen. Die politisch-soziale Sprache der Moderne verdankt diesem Rückgriff auf die Antike unendlich viel. Eine kaum zu überschauende Fülle moderner Begriffe, die den antiken Texten entliehen worden sind, ist in den meisten europäischen Sprachen in dieser Zeit neu entstanden, zumindest semantisch neu besetzt worden: Bürger/citoyen, Verfassung/constitution, Demokratie, Repräsentation, Klasse, Emanzipation, Gesellschaft usw. Das Gleiche gilt für die ästhetischen Formen: den klassizistischen Baustil, die epischen und lyrischen Formen der Literatur, die Mode des Empire u. a. m.

Doch dabei handelte es sich nicht bloß um eine Wiederherstellung alter Formen und Begriffe. Vielmehr dienten diese bald nur noch als Hülsen, die neue Inhalte, neue Ideale in sich aufnahmen. Deren Verwirklichung lag in der Zukunft, bezeichnete etwas Neues, noch nicht Erreichtes und doch zugleich eine höhere Entwicklungsstufe auf dem Weg zur vollkommenen Gesellschaft.

So entstanden die Menschen- und Bürgerrechte, geschriebene Verfassungen, die Idee der Nation – alles Begriffe, von denen die Antike noch nichts gewusst hatte, die sich aber gleichwohl ursprünglich an ihr orientiert hatten. Die römischen Caesaren liehen dem französischen Kaisertum, ihr Imperium dem „Empire" Titel und historische Legitimität, doch deren Gestalt sah ganz anders aus, moderner, zukunftsgerichteter. So war die Zukunft im Zeitalter der Klassik zunächst ein janusköpfiges Geschöpf, an der Vergangenheit orientiert, aber auf etwas Neues, noch Unerfahrenes, auf Fortschritt und Utopie hin ausgerichtet.

Hinzu kam aber noch etwas anderes: Der Zukunftshorizont des Mittelalters war, wenn man überhaupt von einem solchen Horizont sprechen kann, kurz gewesen. Über die nächste, allenfalls die übernächste Generation schaute niemand hinaus. Das Weltende schien deshalb immer schon in Kürze bevorzustehen. Dazu passte der Mythos, dass die Welt insgesamt nur 6000 Jahre dauern werde. Er basierte eigentlich auf nichts weiter als der Kombination zweier Bibelzitate, die man beide symbolisch ausgelegt hatte: zum einen auf der Vorstellung, dass Gott die Welt in sechs Tagen geschaffen habe, zum andern dem Psalmwort, dass vor Gott tausend Jahre wie ein Tag seien.

Setzte man nun die Schöpfung der Welt um das Jahr 4000 v. Chr. an – dazu kam man bei Nachrechnung der alttestamentarischen Stammbäume – so musste das Ende der Welt im Jahr 2000 kommen. Dann würde, so die erweiterte Fassung dieses Mythos, analog zum siebenten Tag der Schöpfungsgeschichte, an dem Gott ausgeruht hatte, das tausendjährige Reich Christi auf Erden beginnen. Viele Generationen frommer Christen haben seit der Spätantike und bis weit über das Ende des Mittelalters hinaus an diesen Weltzeitkalender geglaubt – unter ihnen z. B. auch Luther, der diesen Glauben nur wie viele andere auch dadurch modifizierte, dass er darauf vertraute, Gott werde aus Erbarmen mit der Menschheit die letzte Zeit ihres Jammertals auf Erden noch abkürzen. Vielleicht, so seine Hoffnung, würde dann das Ende der Welt schon bald kommen, möglicherweise schon in einem der kommenden Jahre.

Erst seit dem 17. Jahrhundert begann sich der historische Erwartungshorizont der europäischen Gesellschaft allmählich auszuweiten, sodass das Jahr 2000 nicht mehr als die äußerste zeitliche Grenze irdischer Existenz gelten musste. Die Kritik an der alten Weltzeitrechnung war gleichermaßen von der historischen wie von der naturwissenschaftlichen Forschung ausgegangen: Wenn etwa Muschelfunde auf Bergeshöhen darauf hindeuteten, dass sich der Meeresboden im Laufe der Zeit über den Meeresspiegel gehoben hatte, so konnte dies nicht innerhalb der auf 6000 Jahre angesetzten Menschheitsgeschichte geschehen sein, da die überlieferten Quellen nichts davon berichteten. Wenn die Welt jedoch viel älter als 6000 Jahre war, warum sollte sie dann nicht auch sehr viel länger dauern?

Soweit ich weiß, war es Immanuel Kant, der als Erster aus solchen Gründen das Kommen eines Weltendes überhaupt in Frage gestellt hat: „Es werden Millionen und ganze Gebirge von Millionen Jahrhunderten verfließen", schrieb er 1755 in seiner *Allgemeinen Naturgeschichte und Theorie des Himmels*, „binnen welchen immer neue Welten und Weltenordnungen nacheinander, in denen entfernten Weiten von dem Mittelpunkt der Natur, sich bilden und zur Vollendung gelangen ... Die Schöpfung ist niemals vollendet. Sie hat zwar einmal angefangen, aber sie wird niemals aufhören."

Damit war ein langfristiger geschichtlicher Erwartungshorizont eröffnet, den Gelehrte und Schriftsteller aller Art nun zu nutzen begannen, um der Menschheit neue Aufgaben zu stellen, neue Hoffnungen zu wecken, aber auch, um ihr neue Gefahren vor Augen zu führen, die in der unendlichen Fülle der kommenden Zeiten ihrer harrten. Langfristige Entwicklungen wurden nun denkbar, die viele Jahrhunderte, vermutlich sogar viele Jahrtausende in Anspruch nehmen würden. Rousseau etwa konnte auf die Verwirklichung seiner Behauptung, der Mensch verfüge über eine unter den Lebewesen einzigartige Möglichkeit zur Vervollkommnung seiner Fähigkeiten, nur hoffen, wenn der Menschheit insgesamt sehr viel Zeit zur Entfaltung dieser Anlagen blieb.

Lessing entwarf Ende der 1770er-Jahre sogar den Plan zu einer „Erziehung des Menschengeschlechts", in der sich alle Erfahrungen und Fähigkeiten der Menschheit letztendlich zu einer heute noch unausdenkbaren Vollkommenheit akkumulieren ließen. Schwärmer wie Joachim von Fiore, so betonte er ausdrücklich, hatten zwar schon in früheren Zeiten „oft sehr richtige Blicke in die Zukunft" getan. Doch der Schwärmer kann „diese Zukunft ... nicht erwarten ... er wünscht sie beschleunigt, und wünscht, dass sie durch ihn beschleunigt werde. Wozu sich die Natur Jahrtausende Zeit nimmt, soll in dem Augenblicke seines Daseins reifen."

Auch Adam Smith, Condorcet und Kant selbst zeichneten in diesen letzten Jahrzehnten des 18. Jahrhunderts Entwicklungslinien der Menschheitsentwicklung vor, die uralte Menschheitsträume, Reichtum und Frieden auf Erden, verwirklichen würden. Sie alle rechneten gewöhnlich mit außerordentlich langen Zeiträumen. Doch auch pessimistische Langzeitperspektiven wurden jetzt denkbar: Gegen Ende des 18. Jahrhunderts trat etwa der englische Theologe und Nationalökonom Thomas Malthus mit seiner berühmten Bevölkerungs-prognose auf, die bis heute nichts von ihrer bedrohlichen Zukunftsperspektive verloren hat: Ihr zufolge würde die Menschheit zu allen Zeiten ihren momentanen Wohlstand in erster Linie dazu nutzen, sich zu vermehren, und dadurch Gefahr laufen, den Wettlauf gegen die drohende Armut letztlich zu verlieren. Denn das Bevölkerungswachstum verlief Malthus' Berechnung nach immer schneller als das mögliche Wachstum der Nahrungsmittelproduktion.

Mit der zweiten Hälfte des 18. Jahrhunderts begann also die wechsel-volle Geschichte einflussreicher Zukunftsentwürfe, welche die Geschichte der europäischen und schließlich der Weltgesellschaft in den letzten beiden Jahr-hunderten immer begleitet hat. Dabei wurden neue Horizonte erschlossen, aber zugleich auch neue apokalyptische Katastrophen sichtbar. Diese Geschichte ist lang und vielleicht sogar noch vielfältiger als die Geschichte der realen Ereig-nisse selbst – ich kann sie hier leider aus Zeitgründen nur kurz und schematisch andeuten:

Wenn ich recht sehe, dann folgte die Produktion kollektiver Zukunfts-vorstellungen in Europa seit der Mitte des 18. Jahrhunderts nämlich einem doppelten Zyklus: Zum einen waren nicht alle Zeiten gleichermaßen produktiv und interessiert an neuen Zukunftsentwürfen. Vielmehr lassen sich deutlich Konjunkturen einer stärkeren und schwächeren Beschäftigung mit der Zukunft feststellen – sie dauerten jeweils etwa zwei Generationen oder 60–70 Jahre. Man kann sich fragen, wie es zu solchen Zyklen der Intensivierung und dann wieder eines relativen Desinteresses an neuen Zukunftshorizonten kam – wahr-scheinlich hängt dies mit den Enttäuschungen zusammen, denen jede Zukunfts-hoffnung im Laufe derjenigen Generation, die sie entwirft und zu realisieren sucht, notwendig ausgesetzt ist. Denn Vorstellungen über die Zukunft sind keine interesselosen Daten, sie wollen etwas bewirken, ins Geschehen eingrei-fen. Deshalb veralten sie, ganz egal, ob sie sich erfüllen oder durch den Gang der Dinge widerlegt werden.

Doch die Phasen, von denen ich sprach, bilden zugleich auch unterein-ander einen Zyklus von Aufstieg und Niedergang. So folgte der ersten Phase der „Entdeckung" der Zukunft um 1830 die Phase des gesellschaftlichen „Auf-bruchs" in die Zukunft: Wissenschaftlich stand sie im Zeichen des neuen, von Condorcet und Comte begründeten Positivismus' und wurde von einer Re-volution der Technik und der Kommunikation begleitet. Politische Zukunfts-programme, die auf eine fortschreitende Demokratisierung und Industrialisie-rung der Gesellschaft hinarbeiteten, fanden damals mit der Bildung politischer

Parteien zuerst in den großen städtischen Metropolen Westeuropas Eingang in das Bewusstsein breiter gesellschaftlicher Schichten.

Eine weitere historische Schwelle überschritt die Beschäftigung mit der Zukunft dann wieder um 1890 mit dem Einsatz der zweiten industriellen Revolution, in der nicht mehr die Textil- und Eisenproduktion, sondern die elektrische und die chemische Industrie Leitsektoren der industriellen Entwicklung waren. Neu war an dieser Phase vor allem dreierlei:

Erstens die Auffächerung des politischen Zukunftshorizonts: Neben das Ideal des sozialistischen Zukunftsstaats traten konkurrierend auch liberale und konservative Entwürfe einer zukünftigen Gesellschaftsordnung. Gesellschaftspolitisch ging es nämlich jetzt nicht mehr um die Frage „Fortschritt" oder „Rückschritt", sondern nur noch um die Richtung des Fortschritts: Die technisch-industrielle Entwicklung wurde nun weitgehend als unumkehrbar akzeptiert, politisch umstritten war nur noch, für welche Ziele sie genutzt werden sollte.

Bemerkenswerter noch ist zweitens die ungeheure Breitenwirkung des Zukunftsdenkens, die Durchdringung fast aller Lebensbereiche mit Zukunftsentwürfen. Praktisch kein Segment des gesellschaftlichen Lebens kam um 1900 ohne sie aus. Es entstand eine neue Ästhetik der Zukunft, das Industriedesign, die Stromlinienform, die abstrakte Kunst, die Zwölftonmusik u.a.m. Ob Musik oder Malerei, Architektur oder Mode – fast alle modernen Zukunftsentwürfe des 20. Jahrhunderts gehen auf diese Phase der europäischen Kultur zurück.

Ein dritter charakteristischer Zug liegt schließlich in der oft erstaunlichen und heute schon wieder ganz ungewohnten zeitlichen Tiefe des geschichtlichen Erwartungshorizonts: Man entwarf die Geschichte der Menschheit jetzt wieder wie schon im späten 18. Jahrhundert in Jahrtausenden und empfand selbst diese Zeitspanne noch unter kulturgeschichtlichen und kosmologischen Gesichtspunkten als außerordentlich kurz. Dies erzeugte gelegentlich geradezu einen Zeitrausch, eine Zukunftseuphorie, die allerdings auch außerordentlich gefährliche Implikationen hatte. Denn im Lichte des Neuen und Großen kommender Jahrtausende schrumpften die mit der Durchsetzung des Neuen einhergehenden Zerstörungen des Bestehenden oft zu vernachlässigenswerten Opfern zusammen.

Nicht nur in den totalitären Gesellschaften Deutschlands und Russlands, sondern auch in den demokratischen Gesellschaften Frankreichs und der USA nahm die Destruktionskraft des Utopismus in der ersten Hälfte des 20. Jahrhunderts eine Stärke an, von der sie sich nach dem Zweiten Weltkrieg eigentlich nie wieder erholte. Das Konzept der Zukunft hatte seinen Höhepunkt überschritten und durchläuft seither eine Periode des Niedergangs. Zwar entstand um 1960 noch einmal ein kurzer Zukunftsboom, gekennzeichnet durch eine enorme Verfeinerung der prognostischen Mittel. Doch mit der atomaren Bedrohung und der ökologischen Bewegung wuchs zugleich unverkennbar auch die Skepsis gegenüber einem ungebremsten Fortschritt. Und damit komme ich zum zweiten Teil, einigen skeptischen Anfragen an die Zukunft des Zukunftskonzepts selbst.

II.

Die Vermutung, das Konzept der Zukunft könnte einmal wieder verschwinden, scheint zunächst ebenso unverständlich wie die Vorstellung, dass es einmal entstanden ist. Und sie ist es sicher auch, wenn wir die „Zukunft" einfach im arithmetischen Sinne als die auf die Gegenwart folgenden Stunden, Jahre und Jahrhunderte auffassen: Denn was sollte deren künftige Abfolge aufhalten? Dass immer noch Ereignisse folgen werden, muss man annehmen, solange sich überhaupt etwas in der Welt bewegt. Aber „Zukunft" als historischer Zeitbegriff bedeutete, wie wir sahen, doch immer mehr als das. Und ob die Grundlagen dieses historischen Zukunftsbegriffs noch immer gegeben sind, lässt sich jedenfalls kontrovers erörtern. Drei Punkte sollen hier wenigstens kurz zur Sprache kommen:

1. Mit dem Konzept der „Zukunft" verband sich seit seiner Entstehung in der frühen Neuzeit immer die Vorstellung von deren *Offenheit*. Nur weil die Zukunft als offen und unvorhersehbar begriffen wurde, konnte sie antizipierend mit neuen Projekten, neuen Ideen, dem Glauben an eine Perfektibilität des Menschen und an einen Fortschritt der Gesellschaft insgesamt besetzt werden. Im Laufe der letzten 200 Jahre ist die Zukunft jedoch mit immer neuen Prognosen und Vorgaben besetzt worden – Alva Myrdal sprach in den 70er-Jahren geradezu von einer „Kolonisierung der Zukunft durch mächtige Interessengruppen". Die Vielzahl heute allgemein akzeptierter Prognosen und Erwartungen bereichern unser Wissen, sie engen zugleich aber auch den Handlungsspielraum enorm ein, der für die Neugestaltung der Zukunft verbleibt.

Zwar darf man die Fülle heutiger Gesellschaftsprognosen nicht mit wirklichem Zukunftswissen verwechseln: Die historische Erfahrung lehrt vielmehr, dass das meiste davon schon in Kürze durch veränderte Parameter, unvorhergesehene Ereignisse oder einfach auch durch dezisionistische Eingriffe in das scheinbar gesetzmäßige Geschehen vernichtet wird. Andererseits ist jedoch auch kaum zu bezweifeln, dass die Kosten falscher Entscheidungen mit dem Wachstum des Konsums angesichts begrenzter Ressourcen, angesichts der wachsenden Gefahr globaler Vernichtungen, angesichts der irreversiblen und langfristigen Folgen technischer Eingriffe in unsere Lebensgrundlagen immer größer werden.

Die Offenheit der Zukunft wird dadurch auf bestimmten Gebieten der technischen, wirtschaftlichen und ethisch-kulturellen Entwicklung immer weiter begrenzt: Die Gentechnologie liefert dafür heute vielleicht die aktuellsten Beispiele, doch gilt das gleiche auch für die Medizin, die Atomtechnologie, die Umweltbelastungen der Luft und der Atmosphäre, des Wassers und des Bodens. Es ist abzusehen, dass sich die Bereiche, in denen die gestalterische Freiheit menschlichen Fortschritts massiven Einschränkungen unterliegt, auch in Zukunft weiter ausdehnen werden.

Gerade die extreme Öffnung des Zukunftshorizonts hat deshalb im 20. Jahrhundert zu einer ebenso extremen Verengung desselben geführt. So erscheint es heute geradezu als ein besonderes Desiderat, einerseits „Reservate" für alte Gestaltungsspielräume, etwa beim Schutz menschlicher Embryonen vor dem Zugriff technischer Manipulationen, einzurichten, andererseits neue, gewissermaßen „ungefährliche" Entfaltungsräume für die Zukunft zu erschließen. Denn wenn die Zukunft nur noch das bringt, was die menschliche Gesellschaft bei Strafe ihres Untergangs zu tun gezwungen ist, dann verliert sie ihre für die Entstehung des Begriffs offenbar konstitutive Funktion, einen Raum für die Gestaltung des Neuen und Überraschenden zu erschließen.

2. Mit dem Konzept der „Zukunft" verbindet sich ein spezifisches Konzept von Wirklichkeit überhaupt. Dieses Konzept entfaltete sich in der frühen Neuzeit mit dem Begriff der „Geschichte" und richtete sich zunächst in erster Linie auf die Vergangenheit und Gegenwart. Doch im Laufe des 19. und 20. Jahrhunderts wurde immer deutlicher, dass die historische Beschreibung von Wirklichkeit von Vorgriffen auf eine mögliche Zukunft lebt, dass sie ohne solche Vorgriffe sogar überhaupt nicht möglich ist. Was wirklich geschehen ist oder geschehen wird, muss, davon war zumindest das „historische" 19. Jahrhundert überzeugt, einen eindeutigen, unverwechselbaren Platz im Raum-Zeit-Kontinuum der Geschichte haben.

Doch auch dieses Dogma wird heute von vielen Seiten, etwa von den konstruktivistischen Wirklichkeitskonzepten der Postmoderne, der Computeranimation oder der gentechnischen Manipulation des Lebens in Frage gestellt.

Denn wenn die raumzeitliche Verortung eines Ereignisses wie bei seiner Speicherung im Computer oder seiner Benutzung in der Werbung nur noch eine akzidenzielle Markierung desselben bezeichnet, die für dessen aktuelle Wirkung keine wesentliche Bedeutung mehr hat; wenn sich heute oder in naher Zukunft ganze Lebensläufe in den virtuellen Welten technischer Medien abspielen werden; wenn sich Lebewesen durch gentechnische Eingriffe so verdoppeln oder manipulieren lassen, dass sie nicht mehr der Zufälligkeit einmaliger Schicksale ausgesetzt sind, sondern nur noch präparierte Karrieren durchlaufen, dann verliert die Rede von ihrer Zukunft offenbar ihren bisherigen Sinn. Denn es handelt sich in solchen Fällen dann nur noch um eine medial gebrochene, technisch produzierte Zukunft, die keinen universalen Horizont mehr für die Sinnbildung und Sinndeutung solcher Vorgänge insgesamt bildet.

3. Die Zukunft ist, seit es diesen Begriff gibt, immer als ein einheitlicher Zeitraum gedacht worden, in dem sich die dann bestehende Wirklichkeit (ebenso wie in der Gegenwart und Vergangenheit) zu einem Ganzen zusammenfügt. In der Praxis prognostischer Vorausblicke wie in der alltäglichen Produktion meist ganz divergierender Zukunftsvorstellungen ist dies zwar in Wirklichkeit nie erreicht worden – anders als im wissenschaftlichen Bemühen um ein einheitliches Geschichtsbild von der Vergangenheit. Aber die Idee eines Zeitraums, in dem sich die gleichzeitigen Dinge und Ereignisse zusammenfinden, galt doch immer als die Bedingung ihrer (geschichtlichen) Existenz überhaupt.

Eben dieses einigende Band zeitlicher Koexistenz scheint sich jedoch neuerdings zu lösen, wenigstens behaupten dies Wissenschaftler unterschiedlicher Disziplinen von der Physik über die Soziologie bis zur Biologie. Die Naturwissenschaften kamen schon immer damit aus, Zeitrhythmen zu messen, die an den Ablauf bestimmter Prozesse zurückgebunden waren: den Zerfall des Urans z. B. oder den Regenerationszyklus eines Organismus. Doch dies strahlt heute ungleich stärker auch auf unser Verständnis politischer und gesellschaftlicher Probleme aus: Auch hier sind nämlich Zweifel möglich, ob die Menschen überhaupt in ein und derselben Wirklichkeit existieren – nicht nur in verschiedenen Teilen der Erde, sondern auch innerhalb derselben Stadt, derselben Familie, ob wir dieselbe kollektive Zukunft vor, dieselbe Vergangenheit hinter uns haben. Der so genannte „gesunde Menschenverstand" kann uns dabei wenig helfen, denn die Erfahrung spricht oft gerade gegen die Annahme einer einheitlichen Wirklichkeit: Wird nicht selbst die Gegenwart von verschiedenen Menschen ganz verschieden erlebt, die Vergangenheit unterschiedlich entworfen? Wie viel mehr dann die Zukunft!

Hat das Leben auf Erden gegenwärtig eine gemeinsame Zukunft? Die Frage scheint heute weniger ein metaphysisches als vielmehr ein ganz praktisches Problem zu sein. Ihre Beantwortung hängt davon ab, ob es gelingt, einen solchen Zusammenhang der Menschheit, etwa durch die Garantie elementarer Menschenrechte, oder gar von Mensch und Natur insgesamt herzustellen. Die Globalisierung des Weltmarkts und der Kommunikationsgesellschaft scheint mir allerdings das Problem weniger zu lösen als zu verschärfen. Denn sie wird aller Voraussicht nach neue weltweite Auseinandersetzungen um Lebenschancen, ungemein starke kulturelle und zivilisatorische Differenzerfahrungen zwischen sozialen und ethnischen Gruppen, schließlich Bedürfnisse nach Desintegration produzieren, die berechtigte Zweifel an der Hypothese eines einheitlichen Geschichtsraums aufkommen lassen, in dem sich die zukünftige Menschheit begegnen wird. In einer solchen Situation bleiben unsere Vorstellungen von dem, was zukünftig geschehen wird, immer nur Projektionen unseres eigenen, kulturell und sozial gebundenen Bewusstseins.

Letztlich könnte es deshalb sein, dass wir uns gegenwärtig wieder einem Zeitbewusstsein nähern, das mehr dem des Mittelalters gleicht als dem der Moderne. Was kommen wird, scheint dann wieder stärker vorgezeichnet, die Wirklichkeit eine abhängige Variable des jeweiligen Beobachters. Spielfilme wie Steven Spielbergs *Zurück in die Zukunft* und *Voyager* haben sich längst auf diese neue Situation eingestellt: Sie erlauben nicht nur Zeitsprünge zwischen verschiedenen Epochen, sondern auch Manipulationen der Zukunft durch Reisen in die Vergangenheit, in der wir die Voraussetzungen späterer Ereignisse verändern. Die Zukunft, so die Botschaft, liegt nicht mehr in den Händen der Gegenwart, sondern sie ist längst schon determiniert.

Damit komme ich zum Ende meiner Überlegungen. Das Bild, das ich entworfen habe, hinterlässt viele Fragen: Hat sich das neuzeitliche Zukunfts-Konzept wirklich erschöpft oder handelt es sich nur um einen temporären „Schwächeanfall", dem wieder neue Aufbrüche in die Zukunft folgen werden? Schließlich befinden wir uns, könnte man einwenden, wenn meine Beobachtung vom Konjunkturzyklus zutrifft, gerade wieder in einer konjunkturellen Baisse, der erst um 2020 wieder ein neuer Boom folgen dürfte.

Doch auch wenn Sie meine skeptische Analyse teilen, was folgt daraus? Können wir vielleicht mit dem eingangs beschriebenen Zerfall des historischen Wirklichkeitskonzepts am Ende ganz gut, ja vielleicht sogar besser leben als bisher? Werden wir uns nicht vielleicht auf die Endlichkeit unserer Gestaltungskraft der Zukunft ebenso problemlos einstellen wie unsere Vorfahren auf die

Endlichkeit des Erdraums im 18. und 19. Jahrhundert? Oder haben wir etwas „falsch gemacht", als wir die Zukunft mit den Folgelasten unserer vergangenen und gegenwärtigen Taten in einer Weise belegten, dass wir nun nicht mehr zurück können? Und wie ließe sich das korrigieren? Ich kann Ihnen diese Fragen nicht beantworten und will deshalb noch ein letztes Mal das tun, was Historiker immer gern tun, wenn sie nach der Zukunft gefragt werden: nämlich auf die Vergangenheit verweisen.

Schon vor 200 Jahren war sich der Theologe und Geschichtsphilosoph Johann Gottfried Herder sicher, dass einst eine Zeit kommen wird, in der es, wie er 1797 schrieb, „eine Wissenschaft der Zukunft wie der Vergangenheit" gibt, in der „kraft dieser Wissenschaft die edelsten Menschen so gut für die Nachwelt als für sich rechnen". Wie sollte diese Wissenschaft aussehen? Halb müsste sie, meinte Herder, Anteil an der religiösen Form der Vorsehung haben, halb der Erfahrung des Menschen entspringen: eine Art von „Ahnen", ein „dunkles Vorausempfinden" müsste sie sein, bei dem offen blieb, ob „der Geist der Zukunft auf uns oder unser Geist auf die Zukunft hinaus wirkt".

Davon hat sich die moderne Futurologie längst weit entfernt. Auch Herders „Wissenschaft der Zukunft" stützte sich zwar auf Prognosen und konkrete Situationsanalysen. Sie unterstellte dabei aber zugleich auch die Wirkungsmacht einer „rächenden Gottheit", deren ausgleichende Gerechtigkeit den Gang der Geschichte ebenso bestimmt wie alle menschliche Berechnung. Dafür haben wir heute kaum noch einen Sinn. Längst ist die Zukunft zum abstrakten Feld mathematischer Hochrechnungen geworden. Das Moment des Unwägbaren, dessen, was man früher als „Schicksal" bezeichnete, ist als „Zufall" neutralisiert und aus dem Horizont seriöser Zukunftsprognosen ausgegrenzt worden. Damit ging jedoch zugleich auch ein Merkmal der Zukunft verloren, dem dieses Konzept im 18. Jahrhundert seine Entstehung verdankte: nämlich das Ziel der Erhaltung und Entwicklung der Menschheit insgesamt, ihre „Zukunft" im Sinne der Ankunft bei einer letzten Bestimmung des Menschen. Es ist vielleicht nicht überflüssig, an diese Ursprünge heute noch einmal zu erinnern, bevor unser Glaube an die Zukunft verloren gehen könnte.

Alle Nachweise finden sich in meinem Buch *Die Entdeckung der Zukunft*, erschienen 1999 im Fischer-Verlag (Reihe *Europäische Geschichte*, Bd. 60137)

Anmerkungen

Die Erotik des Geldes

1 Horaz: De arte poetica, vv. 323–333 (übers. Gerhard Fink)

2 So lautet schon der Vorwurf, den Platons Dialog *Ion* den Dichtern macht. Zu dem Themenfeld „Ökonomie" in der Literatur vgl. den instruktiven Sammelband von Theo Stemmler (Hrsg.): *Ökonomie – Sprachliche und literarische Aspekte eines 2000 Jahre alten Begriffs.* Tübingen 1985

3 *Antigone*, V. 295 ff., zit. bei Marx: *Das Kapital I*, MEW 23, 146

4 *Metamorphosen XI*, V. 100 ff. (übers. v. E. Rösch)

5 A. Schöne: *Götterzeichen – Liebeszauber – Satanskult – Neue Einblicke in alte Goethetexte.* München 1982, 111. Vgl. auch Jochen Hörisch: *Kopf oder Zahl – Die Poesie des Geldes.* Frankfurt/Main 1996

6 J. Falk: *Goethe aus näherm persönlichen Umgang dargestellt. Ein nachgelassenes Werk von Johannes Falk.* Leipzig 1832, 91

7 Zit. bei A. Schöne (Anm. 5), S. 160, nach den im Weimarer Goethe- und Schiller-Archiv aufbewahrten Handschriften. Selbst die kritische Ansprüche stellende Weimarer Ausgabe von Goethes Werken bringt diese anrüchigen Passagen nur in dem selten konsultierten Apparat-Band Abt. I/14 und überdies unter Auslassung der obszönen Ausdrücke.

8 Novalis: *Schriften.* Bd. III, hrsg. v. R. Samuel und H.-J. Mähl. Stuttgart 1965, 378

9 Vgl. hierzu ausführlich J. Hörisch: *Gott, Geld und Glück.* Frankfurt 1983, 116 und ders.: *Das Abendmahl, das Geld und die Neuen Medien.* Bremen 1989

10 N. Luhmann: *Die Wirtschaft der Gesellschaft.* Frankfurt 1988, 242

11 Th. Mann: *Der Zauberberg*. Frankfurter Ausgabe, hrsg. v. P. de Mendelssohn. Frankfurt 1981, 567

12 G. Heinsohn: *Privateigentum, Patriarchat, Geldwirtschaft*. Frankfurt
1984, 120

13 N. Luhmann: *Soziologische Aufklärung 1*. Opladen 1972, 218

14 B. Kirchhoff: *Ferne Frauen*. Frankfurt 1987, 105 und 115

DIE ERFINDUNG DER SCHRIFT

1   Zum Verhältnis von Schrift und Sprache s. vor allem Christian Stetter:
    Schrift und
    Sprache. Frankfurt 1997

2   Zur Urgeschichte des „Schreibens" s. André Leroi-Gourhan: *Hand und*
    Wort. Die Evolution von Technik, Sprache und Kunst. Frankfurt 1980. Es
    handelt sich bei diesen Zeichenwelten um das, was Peter Koch als „Gra-
    phé" der mündlichen Sprache („Phoné") gegenüberstellt; seiner Ansicht
    nach lässt sich die „Graphé" in der Geschichte der Menschheit fast so weit
    zurückverfolgen wie die „Phoné" (35 000 bzw. 40 000 Jahre); s. Peter
    Koch: *Graphé. Ihre Entwicklung zur Schrift, zum Kalkül und zur Liste*.
    In: P. Koch, Sibylle Krämer (Hrsg.): *Schrift, Medien, Kognition. Über die*
    Exteriorität des Geistes. Tübingen 1997, 43–82. Vgl. auch den Aufsatz
    von M. Fischer: *Schrift als Notation* im selben Band, 83–101. Der ent-
    schiedenste Vertreter des (auch genealogischen) Vorrangs der Schrift vor
    der gesprochenen Sprache war übrigens, über 200 Jahre vor Derrida, wie
    J. Trabant gezeigt hat, Giambattista Vico, s. J. Trabant: *Vicos Welt-Schrift*.
    In: Koch, Krämer, a.a.O., 149–166

3   Vgl. hierzu George Kubler: *The Shape of Time. Remarks on the History of*
    Things. New Haven 1962; dt. *Die Form der Zeit*. Frankfurt 1982

4   Zum Begriff der „Gedächtnisschrift" (im Unterschied zur „Sprachschrift")
    s. A. Schmitt, *Entstehung und Entwicklung von Schriften*, Köln/Wien
    1980; ders.: *Zur Phonetik, Schriftgeschichte und allgemeinen Sprachwis-*
    senschaft. Kleine Schriften. Wiesbaden 1984. Zu vor-schriftlichen Notati-
    onssystemen wie Knotenschnüre etc. s. auch Harald Haarmann: *Univer-*
    salgeschichte der Schrift. Frankfurt 1990, 56 ff.

5 Zum Verhältnis von Schrift und Gedächtnis im Spannungsfeld von Schriftlichkeit und Mündlichkeit s. den Sammelband A. u. J. Assmann, Chr.
Hardmeier (Hrsg.): *Schrift und Gedächtnis*. München 1983, sowie zahlreiche der in der Reihe *ScriptOralia* bei G. Narr (Tübingen) erschienenen
Veröffentlichungen des Freiburger Sonderforschungsbereichs „Schriftlichkeit und Mündlichkeit".

6 Ich unterscheide hier zwar zwischen Gedächtnis- und Sprachschriften,
nicht jedoch zwischen ideographischen, Silben- und Alphabetschriften. Im
Folgenden wird von „Schrift" im Allgemeinen, ohne Unterscheidung verschiedener Schriftsysteme, die Rede sein. Bisherige Überlegungen zur Auswirkung von Schriftkultur haben sich vorwiegend auf Alphabetschriften
bezogen und die kulturrevolutionierende Innovation nicht mit der Schrif-
terfindung als solcher, sondern mit der griechischen Alphabetschrift in
Verbindung gebracht, s. hierzu die Kritik von A. u. J. Assmann: *Einleitung: Schrift – Kognition – Evolution. Eric A. Havelock und die Technologie kultureller Kommunikation*, in: E. A. Havelock: *Die Schriftrevolution
im antiken Griechenland*. Weinheim 1990, 1–36 (mit ausführlicher Bibliographie bis 1990). Diese Ansätze beruhen auf einer eurozentrischen Ver-
zerrung, von der wir uns frei machen sollten.

7 Zur Frühgeschichte der Schrift in Mesopotamien s. H. J. Nissen, P. Dame-
row und R. K. Englund: *Frühe Schrift und Techniken der Wirtschaftsver-
waltung im Vorderen Orient. Informationsspeicherung und -verarbeitung
vor 5000 Jahren*. Bad Salzdetfurth 1991.
Für Ägypten s. A. Schlott (Anm. 10) sowie neuerdings G. Dreyer, Umm el
Qaab I.: *Das prädynastische Königsgrab U-j und seine frühen Schriftzeugnisse*. Mainz 1998

8 Zur Beziehung von Schrift und Staat s. vor allem das klassische Werk von
Harold Innis: *Empire and Communication*. Oxford 1950

9 S. hierzu Karl Polanyi, C. M. Arensberg, H. W. Pearson (Hrsg.): *Trade and
Market in the Early Empires*. Glencoe/Illinois 1957

10 Zu Ägypten vgl. A. Schlott: *Schrift und Schreiber im alten Ägypten*, Becks
Archäologische Bibliothek. München 1989

11 S. Verf., *Die ägyptische Schriftkultur*. In: H. Günther und Otto Ludwig
(Hrsg.): *Schrift und Schriftlichkeit/Writing and its Use: Ein interdisziplinä-
res Handbuch internationaler Forschung...*, 1. Halbband. Berlin und New
York 1994, 472–491

12 S. hierzu mein Buch *Tod und Jenseits im Alten Ägypten*. München 2001

13 Papyrus Chester Beatty IV, verso 2,5–3,11 vgl. H. Brunner: *Altägyptische Weisheit*.
Zürich und München 1988, 224–226 und Verf., *Stein und Zeit*, 173–175

14 Aleida Assmann: *Exkarnation: Über die Grenze zwischen Körper und Schrift*. In: Alois M. Müller, J. Huber (Hrsg.): *Interventionen*. Basel 1993, 159–181

15 Dieser Zugang kennzeichnet insbesondere die im übrigen bahnbrechenden Forschungen Jack Goodys, s. J. Goody (Hrsg.): *Literacy in Traditional Societies*; dt. *Literalität in traditionalen Gesellschaften*. Frankfurt 1981; J. Goody, und I. Watt: *Consequences of Literacy*; dt. *Entstehung und Folgen der Schriftkultur*, mit einer Einl. von H. Schlaffer. Frankfurt 1986; *The Domestication of the Savage Mind*. Cambridge 1977; *The Logic of Writing and the Organization of Society*. Cambridge 1986; *The Interface Between the Written and the Oral*. Cambridge 1987

16 Schreibtafel BM 5645 rto. 2–7 ed. A. H. Gardiner: *The Admonitions of an Egyptian Sage*. Leipzig 1909, 97–101; eine neuere englische Übersetzung findet sich in M. Lichtheim: *Ancient Egyptian Literature I*. Berkeley 1973, 146 f.

17 P. Michalowski: *Commemoration, Writing and Genre in Mesopotamia*. In Chr. Kraus (Hrsg.): *The Limits of Historiography. Narrative and Genre in Ancient Historical Texts*. Leiden 1999, 69–90.

18 M. Opitz: *Buch von der Deutschen Poeterey*. In ders.: *Gesammelte Werke. Kritische Ausgabe II: Die Werke von 1621 bis 1626*, hrsg. v. Georg Schulz-Behrend. Stuttgart 1978, 331–416, 412 f.; s. Aleida Assmann, *Zeit und Tradition. Kulturelle Strategien der Dauer*. Köln und Weimar 1999, 124–127.

19 Herodot: *Historien* II 143

20 Plato: *Timaios* 22a–b

21 Dies gilt auch für Konfuzianismus und Daoismus, die man hingegen nicht als „Offenbarungsreligionen" wird einstufen wollen.

22 Zu dieser Unterscheidung zwischen wahrer und falscher Religion bzw. von wahr und falsch im Raum des Religiösen s. mein Buch *Moses der Ägypter. Entzifferung einer Gedächtnisspur*. München 1998 bzw. Frankfurt 2000, bes. Kap. 1. Zur Unterscheidung zwischen primären und sekundären, durch die Unterscheidung von wahr und falsch geprägten Religionen s. Theo Sundermeier, Art. „Religion, Religionen", in: K. Müller, Th. Sunder-

meier (Hrsg.): *Lexikon missionstheologischer Grundbegriffe*. Berlin 1987, 411–423, vgl. auch ders.: *Was ist Religion? Religionswissenschaft im theologischen Kontext*. Gütersloh 1999

23 S. hierzu mein Buch *Religion und kulturelles Gedächtnis*. München 2000, bes. Kap. 6: Text und Ritus. Die Bedeutung der Medien für die Religionsgeschichte.

24 Ich beziehe mich hier auf die in meinem Buch *Das kulturelle Gedächtnis. Schrift, Erinnerung und politische Identität in frühen Hochkulturen*. München 1992, entwickelte Unterscheidung zwischen „ritueller" und „textueller Kohärenz".

25 Zur Unterscheidung zwischen „Geheimnis-" und „Offenbarungsreligionen" s. A. u. J. Assmann (Hrsg.), *Schleier und Schwelle II: Geheimnis und Offenbarung*. München 1998

26 *Josephus Flavius, Contra Apionem* cap. 22. In: H. Clementz (Hrsg. und Übers.): *Josephus Flavius, Kleinere Schriften*. Wiesbaden 1993, 177 f.

27 Siehe hierzu Elizabeth Eisenstein: *The Printing Press as an agent of Change, Communications and cultural transformations in early-modern Europe*. Cambridge 1979; dt. *Die Druckerpresse. Kulturrevolutionen im frühen modernen Europa*. Übers. H. Friessner. Wien 1997

28 S. dazu meinen Beitrag *Pictures versus Letters: William Warburton's Theory of Grammatological Iconoclasm*. In: Jan Assmann, Albert I. Baumgarten (Hrsg.), *Representation in Religion, Studies in Honor of Moshe Barasch*. Leiden 2001, 297–311

29 Moses Mendelssohn: Jerusalem. In: *Schriften über Religion und Aufklärung*, hrsg. v. Martina Thom. Berlin 1989, 422 f.

30 Christian Stetten: *Schrift und Sprache*, 50f.

31 S. hierzu insbesondere Moshe Halbertal: *People of the Book. Canon, Meaning, and Authority*, Cambridge (Mass.) 1997

Bio-Bibliographische Angaben zu den Autoren

Jan Assmann, geb. 1938, ist Professor für Ägyptologie an der Universität Heidelberg. Forschungsschwerpunkte sind altägyptische Religion und Literatur, sowie allgemeine Religionsgeschichte und Kulturtheorie. Mit seiner Frau Aleida Assmann zusammen leitet er seit 1979 den Arbeitskreis „Archäologie der literarischen Kommunikation".
Ausgewählte Veröffentlichungen:
Schrift und Gedächtnis. München 1983 (Hrsg., zus. mit A. Assmann und Chr. Hardmeier)
Stein und Zeit. Mensch und Gesellschaft im alten Ägypten. München 1991
Das Kulturelle Gedächtnis. Schrift, Erinnerung und politische Identität in frühen Hochkulturen. München 1992 (4. Auflage 2002)

Albrecht Beutelspacher, geb. 1950, ist Professor für Geometrie und Diskrete Mathematik an der Justus-Liebig-Universität Gießen. Seine besonderen Forschungsinteressen liegen auf dem Gebiet der Kryptographie, der Kombinatorik und Projektiven Geometrie. Mit einer Reihe außergewöhnlicher Projekte versucht Albrecht Beutelspacher seit Jahren, ein breites Publikum für die abstrakte Wissenschaft der Mathematik zu begeistern. Dafür erhielt er als erster Wissenschaftler den Communicator-Preis der Deutschen Forschungsgemeinschaft. Seit 2002 ist er auch Direktor des Mathematikums, des von ihm entwickelten ersten mathematischen Mitmach-Museums der Welt.
Ausgewählte Veröffentlichungen:
„In Mathe war ich immer schlecht…"
Mathematik für die Westentasche. Von Abakus bis Zufall
Pasta all' infinito – Meine italienische Reise in die Mathematik

Rainer Buland, geb. 1962, ist Ass. Prof. am Institut für Musikwissenschaft und fächerübergreifende Forschung an der Universität Mozarteum Salzburg und mit dem Projekt Spielforschung betraut.
Ausgewählte Veröffentlichungen:
Seine wichtigsten Aufsätze sind in der Buchreihe „Homo ludens – der spielende Mensch", 10 Bände, hrsg. von Günther Bauer, erschienen.

Gerhard Dohrn-van Rossum, geb. 1947, studierte Geschichte und Philosophie in Berlin und Heidelberg. Nach Gastprofessuren in Chicago, Bielefeld und Zürich wurde er auf den Lehrstuhl für die Geschichte des Mittelalters an der Technischen Universität Chemnitz berufen. Publikationen zur Geschichte der Zeitmessung und des Zeitbewusstseins, zur Sozialgeschichte der mittelalterlichen Technik, zur Migration technischer Experten und zur Geschichte des Konzepts von Innovation.
Ausgewählte Veröffentlichungen:
Geschichte der Stunde. Uhren und moderne Zeitordnungen. München 1992

Karlheinz A. Geißler, geb. 1944, ist Professor für Wirtschaftspädagogik an der Universität der Bundeswehr München. Seine Forschungsschwerpunkte sind: Zeitmuster der Moderne, Zeit und Ökologie, Modernisierung beruflicher Bildung, Dynamiken der Zeit- und der Lernkulturen.
Ausgewählte Veröffentlichungen:
Wart' mal schnell – Minima Temporalia. Stuttgart 2002 (2. Auflage)
Vom Tempo der Welt. Am Ende der Uhrzeit. Freiburg 1999 (5. Auflage 2001)
Der große Zwang zur kleinen Freiheit – berufliche Bildung im Modernisierungsprozeß (zus. mit F. M. Orthey). Stuttgart 1998

Lucian Hölscher, geb. 1948, ist Professor für Neuere Geschichte und Theorie der Geschichte an der Ruhr-Universität Bochum. Forschungsschwerpunkte sind die neuere deutsche Kultur- und Religionsgeschichte sowie die Geschichtstheorie.
Ausgewählte Veröffentlichungen:
Die Entdeckung der Zukunft (1999)
Weltgericht oder Revolution. Protestantische und sozialistische Zukunftsvorstellungen im deutschen Kaiserreich (1989)
Öffentlichkeit und Geheimnis (1979)

Jochen Hörisch, geb. 1951, ist Professor für Neuere deutsche Literaturgeschichte und qualitative Medienanalyse an der Universität Mannheim. Forschungsschwerpunkte: Literatur vor allem der Goethe-Zeit, der Romantik, des 20. Jahrhunderts, neueste Literatur sowie Literaturtheorie, Methodenprobleme, Hermeneutik, Motivgeschichte, Qualitative Medienanalyse, Medienwirkungsforschung. Jochen Hörisch ist Mitglied der europäischen Akademie für Wissenschaften und Künste, Salzburg, und der Freien Akademie der Künste, Mannheim.

Ausgewählte Veröffentlichungen:

Der Sinn und die Sinne – Eine Geschichte der Medien (2001)

Ende der Vorstellung – Die Poesie der Medien (1999)

Kopf oder Zahl – Die Poesie des Geldes (1996).

Brot und Wein – Die Poesie des Abendmahls (1992)

Christian Meier, geb. 1929, ist Professor em. für Alte Geschichte der Ludwig-Maximilians-Universität München. Zu seinen Spezialgebieten zählt die Erforschung der Grundbedingungen politischen Lebens und der Entstehung von Demokratie. Christian Meier ist Mitglied der Berlin-Brandenburgischen, der Athener und der Norwegischen Akademie der Wissenschaften und Präsident der Deutschen Akademie für Sprache und Dichtung.

Ausgewählte Veröffentlichungen:

Von Athen bis Auschwitz. Betrachtungen zur Lage der Geschichte (2002)

Das Verschwinden der Gegenwart. Über Geschichte und Politik (2001)

Athen (1993)

Caesar (1982)

Die Entstehung des Politischen bei den Griechen (1980)